# Recetas **básicas** en 3 pasos

# Recetas **básicas** en 3 pasos

Emmanuelle Deschamps
Fotografías de Olivier Malingue

Grijalbo

80 **recetas** paso a paso

# prólogo

Blanquette de ternera, buey a la bourguignonne o estofado de cordero... Estos platos míticos de la buena cocina francesa también son sinónimos de preparaciones complejas, cocciones largas y muchos comensales. ¿A quién le queda tiempo suficiente para cocinar estos platos en un día laborable o para improvisar una cena?

Este libro nace del propósito de hacer accesibles los sabores y aromas consagrados por la tradición, que tan difíciles resultan de integrar en la cocina diaria. ¿Por qué no preparar un pollo al estragón, un pato a la naranja o un conejo con ciruelas al regresar del trabajo? Solo es preciso tener preparados los ingredientes básicos, los que otorgan al plato su propia particularidad, y modificar la técnica de base y el tiempo de cocción. Por ejemplo, cortando las carnes y los pescados en trocitos en lugar de cocinar las piezas enteras, o dando preferencia, como en la cocina asiática, a los salteados, en una sartén o en un wok, en lugar de optar por los guisos lentos en una cazuela, o bien utilizando, para la repostería, moldes individuales.

Por supuesto, nada impide, si hay tiempo y oportunidad, volver a la receta tradicional. No se trata de substituir una técnica por otra, sino de proponer una alternativa adaptada a la vida diaria inspirándose en el principio de que, aunque la cocina se base en productos frescos y de calidad, no por ello hay que privarse de recurrir a la comodidad que ofrece la vida moderna (congelados, microondas, productos de la despensa). De esta manera nuestros clásicos no infunden tanto respeto... ¡y resultan asombrosamente contemporáneos!

Emmanuelle Deschamps

# sumario

# Imprescindible en cualquier despensa

Caldo (de pollo, de carne o de pescado)

Cubito de caldo (de pollo, de carne o de pescado)

Vino blanco seco (para realzar los sabores)

Miel neutra (para los amantes de lo dulce-salado)

Canela en rama (o canela en polvo)

Melindros (pensando sobre todo en el tiramisú)

Chocolate negro para repostería (con un 60 % o un 70 % de cacao)

Azúcar moreno (o azúcar blanquilla en polvo)

Clavos de olor (para las sopas)

Especias en polvo (curry, pimentón rojo, comino y otras)

Estigmas de azafrán (o azafrán en polvo)

Concentrado de tomate (para cualquier salsa)

Arroz (el acompañamiento clásico)

Harina (para las pastas, pasteles y otros)

Rigatoni (variedad que mejor se adapta a los gratinados)

Tallarines (o los ineludibles espaguetis)

# Productos frescos

Huevos (para gratinados, pasteles, etcétera)

Mantequilla (ingrediente básico)

Mayonesa (en bote, para ir más deprisa)

Crème fraîche (o nata líquida, ingrediente esencial)

Cabezas de ajo (o ajo deshidratado)

Cebolla tierna (cuece con mayor rapidez)

Limón (por la piel y el zumo)

Fruta (para postres exprés)

Hierbas frescas (del huerto, envasadas o en bandejitas)

Tomillo fresco (o seco)

Hojas de laurel (para cualquier plato de cocción lenta)

Calabacín (fresco o congelado en rodajas)

Zanahoria (fresca o congelada en rodajas)

Tomates cherry (de preparación más rápida)

Champiñones frescos (o congelados, muy prácticos)

Patata (fresca o congelada en cubitos)

# Utensilios

Para cocinar con rapidez y eficacia es cuestión de disponer de los utensilios adecuados. Algunos permiten ganar tiempo en la preparación, otros disminuir el tiempo de cocción.

Cuchillo mondador
(imprescindible para la preparación de verduras, en varios modelos)

Cuchillo afilado
(indispensable para filetear verduras y pescados)

Wok
(ideal para cocinar platos rápidos)

Sartén grande antiadherente
(para los que no tienen wok)

Colador fino
para escurrir pastas, arroz, sémola y otros

Moldes pequeños para tartas individuales
(o ramequines para suflé). Reducen el tiempo de cocción

Rallador microplano para cítricos
ara extraer limpiamente y con rapidez las pieles de los cítricos)

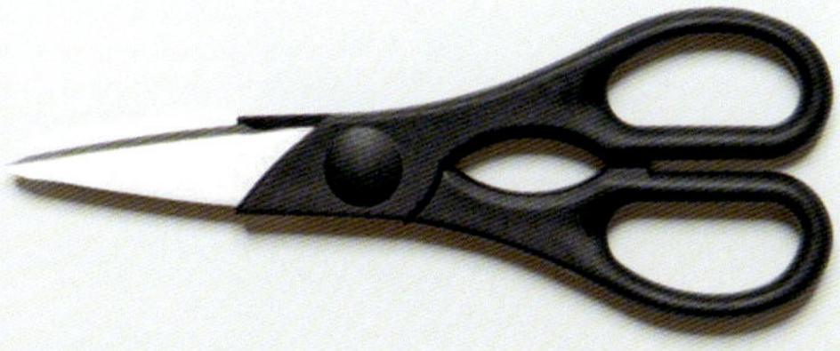

Tijeras de cocina
(para las hierbas, para recortar la grasa de las carnes, etcétera)

Cazuelita
(en diversos tamaños, para cocinar con mayor precisión)

Robot
(indispensable para cortar, triturar y rallar con rapidez)

Envases de plástico (para conservar la cebolla
y las hierbas troceadas, de múltiples usos)

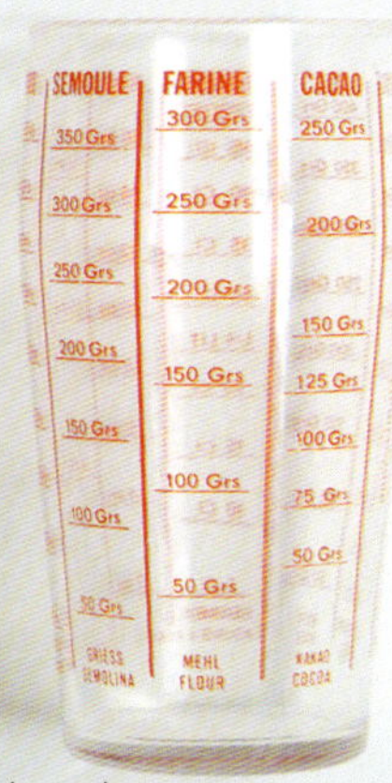


Vaso dosificador (el «todo en uno» para medir líquidos,
harina, sémola, arroz y otros)

# sopas calientes y frías

PARA 4 PERSONAS

**15** min.
de preparación

**10** min. como mínimo para enfriar

**MUY FÁCIL**

# Gazpacho exprés

**De la verdulería**
800 g de tomates maduros
1 pimiento rojo
½ pepino
1 cebolla morada
½ diente de ajo
5 ramitas de perejil

**Del colmado**
1 cucharadita de concentrado de tomate
10 cl de aceite de oliva
sal y pimienta

**De la panadería**
2 rebanadas de pan artesano

**Para acompañar**
daditos de pepino, de pimiento, de chorizo o de jamón.

**Material**
batidora

## 1 preparar

Cortar los tomates en cuartos y quitarles las pepitas. Cortar y despepitar también el pimiento rojo. Pelar el medio pepino y cortarlo en trozos grandes. Pelar la cebolla y el medio diente de ajo. Cortar la cebolla en trozos grandes. Deshojar el perejil.

## 2 mezclar

Poner las verduras en el vaso de la batidora. Añadir la miga de pan artesano, el concentrado de tomate, las hojas de perejil, la sal y la pimienta. Cubrir de agua y mezclarlo todo durante unos minutos añadiendo progresivamente el aceite de oliva. Probar y rectificar el aliño si es necesario.

## 3 enfriar

Enfriar el gazpacho durante 10 minutos en el congelador y luego colocarlo en la nevera hasta el momento de servir. Verter en una sopera con unos cubitos de hielo y un chorrito de aceite de oliva. Añadir, si se desea, aparte, unos daditos de pepino, de pimiento rojo, de chorizo o de jamón.

**EL AUTÉNTICO GAZPACHO** No hay nada más tentador en un día caluroso. Usando el congelador para enfriarlo rápidamente, puede prepararse justo antes de servirlo.

PARA 4 PERSONAS

**5** min.
de preparación

**10** min. como mínimo
para enfriar

**MUY FÁCIL**

# Sopa de pepino con yogur

**De la verdulería**
1 pepino
1 ramito de hierbas (estragón, perejil, menta o albahaca)

**Del colmado**
3 yogures búlgaros o griegos
½ cucharadita de comino en polvo
sal y pimienta

**Material**
batidora

## 1 preparar

Pelar el pepino y cortarlo en cubos. Limpiar y deshojar las hierbas. Reservar algunas hojas enteras para la presentación.

## 2 mezclar

Poner los trozos de pepino, las hierbas, el comino y los yogures en el vaso del robot. Mezclarlo todo hasta obtener una consistencia espumosa. Salpimentar.

## 3 enfriar

Enfriar la sopa 10 minutos en el congelador y luego colocarla en la nevera hasta el momento de servir. Echarla en cuencos individuales, espolvorear con las hierbas reservadas de antemano y adornar con las hojas enteras.

PARA 4 PERSONAS

**10** min. de preparación

**15** min. de cocción

**FÁCIL**

# Crema velouté rápida de zanahorias

**De la verdulería**
800 g de zanahorias
1 cebolla

**Del colmado**
2 cucharadas de aceite de cacahuete
1 cucharadita de azúcar
½ cubito de caldo de ave
4 cucharadas de crème fraîche, sal y pimienta del molinillo

**Material**
batidora

## **1** preparar

Pelar las zanahorias y rallarlas. Pelar y picar la cebolla.

## **2** cocer

En una sartén honda o en un wok rehogar a fuego medio la cebolla con el aceite durante 1 minuto. Añadir las zanahorias ralladas y rehogar de nuevo durante 1 minuto más. Verter 50 cl de agua, el azúcar y el cubito de caldo desmenuzado. Tapar la sartén y cocer a fuego lento unos 10 minutos.

## **3** triturar

Colocar las verduras en el vaso de la batidora y luego poner a calentar de nuevo. Salpimentar y añadir la crème fraîche. Calentar la sopa durante 1 minuto más. Servir muy caliente y añadir un buen pellizco de pimienta del molinillo.

**UN CONSEJO** Gracias a la zanahoria rallada se consigue una cocción rápida. Antes de retirar del fuego, añadir la piel y el zumo de una naranja; es una combinación muy lograda.

PARA 4 PERSONAS

**15** min.
de preparación
**10** min. de remojo
**15** min. de cocción
**FÁCIL**

# Crema velouté rápida de champiñones

**De la verdulería**
400 g de champiñones
2 chalotas

**Del colmado**
25 g de setas deshidratadas (boletus, rebozuelo o colmenilla)
20 g de mantequilla
1 cucharada de jerez o de oporto blanco
1 cubito de caldo de ave
3 cucharadas soperas de crème fraîche espesa
sal y pimienta

**Para acompañar**
unas ramitas de cebollino, perejil o coriandro

**Material**
batidora

## 1 preparar

## 2 saltear

En una olla o en una cazuela rehogar a fuego medio las chalotas con la mantequilla durante 1 minuto. Añadir las setas ya hidratadas y los champiñones. Saltearlos durante 3 minutos a fuego vivo. Añadir el jerez o el oporto y dejar que se reduzcan un poco.

## 3 cocer a fuego lento

Desmenuzar el cubito de caldo de ave en la olla o la cazuela. Añadir el agua de los champiñones y 20 cl de agua clara. Cocer a fuego lento durante 10 minutos, sin que llegue a arrancar del todo el hervor. Cuando las setas estén tiernas, pasar la mezcla por la batidora. A continuación volver a calentar, añadir la crème fraîche y dejar cocer durante 1 minuto más. Salpimentar. Servir la sopa en cuatro cuencos. Se pueden añadir unas ramitas de cebollino, de perejil o de coriandro.

# carnes y aves

PARA 4 PERSONAS

**3** min. de preparación

**10** min. de cocción

**MUY FÁCIL**

# Turnedó Rossini

**De la carnicería**
4 filetes de ternera
4 escalopas de foie gras de pato (fresco o congelado)

**Del colmado**
10 g de mantequilla
1 cucharadita de harina
5 cl de Porto o de Madeira
1 cucharadita de caldo concentrado de ternera
8 g de trocitos de trufa (la mitad de un tarrito)
sal y pimienta

**Para acompañar**
patatas salteadas o fritas exprés

## 1 rehogar

Precalentar el horno a 150 °C. En una sartén grande derretir mantequilla y rehogar los filetes durante unos minutos hasta que adquieran el punto deseado. Salpimentar. Disponerlos en cada plato y reservar en el horno.

## 2 saltear

Enharinar los escalopes de foie gras. Sofreír en la misma sartén durante 3 minutos. Salpimentar. Cuando estén listos, disponerlos sobre el filete. Volver a dejar en el horno durante la preparación de la salsa.

## 3 servir

Diluir el glaseado de la sartén con el vino y el caldo concentrado de ternera mezclado con 5 cl de agua caliente. Añadir los trocitos de trufa. Salpimentar. Retirar la carne del horno, verter la salsa alrededor y servir inmediatamente.

PARA 4 PERSONAS

**10** min. de preparación

**5** min. de cocción

**MUY FÁCIL**

# Pechugas de pintada salteadas al estragón

**De la carnicería**
4 supremas de pintada
(o 4 pechugas de pollo)

**De la verdulería**
1 ramito de estragón

**Del colmado**
15 g de mantequilla
10 cl de vino blanco seco
3 cucharadas de crème fraîche
1 cubito de caldo de pollo
sal y pimienta

**Para acompañar**
mezcla de arroces

## 1 preparar

Filetear el ave en tiras finas. Reservar una ramita de estragón, deshojar el resto y picarlo fino.

## 2 saltear

Derretir la mantequilla en una sartén grande, rehogar 2 o 3 minutos las tiras de pintada a fuego medio, sin que se doren.

## 3 juntar

Cuando la carne esté medio hecha, añadir el vino blanco, la crème fraîche y la ramita de estragón. Desmenuzar el cubito de caldo de pollo por encima, mezclar y dejar a fuego lento unos minutos más. Cuando la cocción esté a punto de terminar, añadir el estragón picado y mezclar de nuevo. Salpimentar si es necesario y servir.

**EL DETALLE** La preparación de la receta tradicional es larga si se cocina el ave entera en una cazuela, pero resulta muy rápida si se trocean las pechugas.

PARA 4 PERSONAS

**5** min.
de preparación
**8** min. de cocción

**MUY FÁCIL**

# Pechugas de pollo al estilo del valle de Auge

**De la carnicería**
4 pechugas de pollo

**De la verdulería**
250 g de champiñones
zumo de ½ limón

**Del colmado**
25 g de mantequilla
1 cucharada de calvados
½ cubito de caldo de pollo
15 cl de crème fraîche
sal y pimienta

**Para acompañar**
patatas salteadas

## **1** preparar

Quitar el tallo a los champiñones, lavarlos, cortarlos en láminas finas y rociarlos con zumo de limón. Cortar las pechugas en tiras finas.

## **2** saltear

En una sartén grande derretir la mantequilla.
A continuación rehogar los champiñones y las tiras de pollo a fuego vivo, sin que se doren demasiado, durante 5 minutos. Desmenuzar el cubito de caldo por encima.

## **3** juntar

Cuando los champiñones hayan soltado el agua, añadir el calvados y dejar que se reduzca. Añadir la crème fraîche y dejar que cueza a fuego lento unos minutos. Salpimentar al gusto antes de servir.

PARA 4 PERSONAS

**5** min. de preparación

**7** min. de cocción

**MUY FÁCIL**

# Cerdo salteado con ciruelas

**De la carnicería**
450 g de solomillo de cerdo
4 lonchas de bacon ahumado

**De la verdulería**
2 cebollas pequeñas
6 ciruelas

**Del colmado**
15 g de mantequilla
1 cucharada de azúcar semirrefinado
1 cucharada de salsa de soja
10 cl de vino tinto con cuerpo
sal y pimienta

**Para acompañar**
pasta fresca

## 1 preparar

Cortar el solomillo y el bacon en tiras finas. Pelar las cebollas y cortarlas en láminas finas. Deshuesar las ciruelas y cortarlas en trozos pequeños.

## 2 saltear

## 3 juntar

Espolvorear el azúcar y añadir la salsa de soja. Dejar que el conjunto se caramelice durante 1 minuto. Añadir las ciruelas y el vino tinto. Dejar reducir la salsa a fuego medio durante 5 minutos. Salpimentar si es necesario y servir.

**UN MARIDAJE DULCE-SALADO** muy sabroso y rapidísimo; ideal para preparar una salsa para la pasta.

PARA 4 PERSONAS

**10** min. de preparación

**15** min. de cocción

**FÁCIL**

# Ternera salteada al estilo blanquette

**De la carnicería**
4 escalopes de ternera gruesos (de la pierna)

**De la verdulería**
10 champiñones
zumo de ½ limón
1 zanahoria pequeña
6 cebollas tiernas
perejil (optativo)

**Del colmado**
20 g de mantequilla
½ cucharadita de harina
½ cubito de caldo de pollo
3 cucharadas colmadas de crème fraîche.
sal y pimienta

**Para acompañar**
arroz blanco

## **1** preparar

Cortar la ternera en tiras finas. Cortar los champiñones en láminas y rociarlos con el zumo de limón. Pelar la zanahoria y cortarla en rodajas muy finas. Pelar las cebollas y cortarlas por la mitad o en cuartos, según su tamaño.

## **2** saltear

Calentar la mantequilla en una sartén honda o en un wok. Cuando empiece a espumar, rehogar las tiras de carne durante 3 o 4 minutos a fuego medio; a continuación añadir las zanahorias, los champiñones y las cebollas y sofreír 2 o 3 minutos más, sin que se dore.

## **3** juntar

Espolvorear la harina, mezclar y añadir el cubito de caldo de pollo desmenuzado. Regar con 5 cl de agua. Añadir la crème fraîche y salpimentar. Revolver y dejar cocer a fuego lento unos 5 o 6 minutos. Añadir, si se desea, un poco de perejil cortado fino.

**VERSIÓN SALTEADA** del estofado de ternera, que tradicionalmente requiere una cocción larga en un caldo de verduras para que la carne se ablande. Mucho más fácil de preparar.

PARA 4 PERSONAS

10 min. de preparación

10 min. de cocción

FÁCIL

# Tiras de ternera a la marengo

**De la carnicería**
4 escalopes de ternera que no sean muy finos.

**De la verdulería**
150 g de champiñones
zumo de ½ limón
4 cebollas tiernas

**Del colmado**
15 g de mantequilla
1 cucharadita de harina
10 cl de vino blanco
½ cucharada de concentrado de tomate
sal y pimienta

**Para acompañar**
patatas al vapor

# 1 preparar

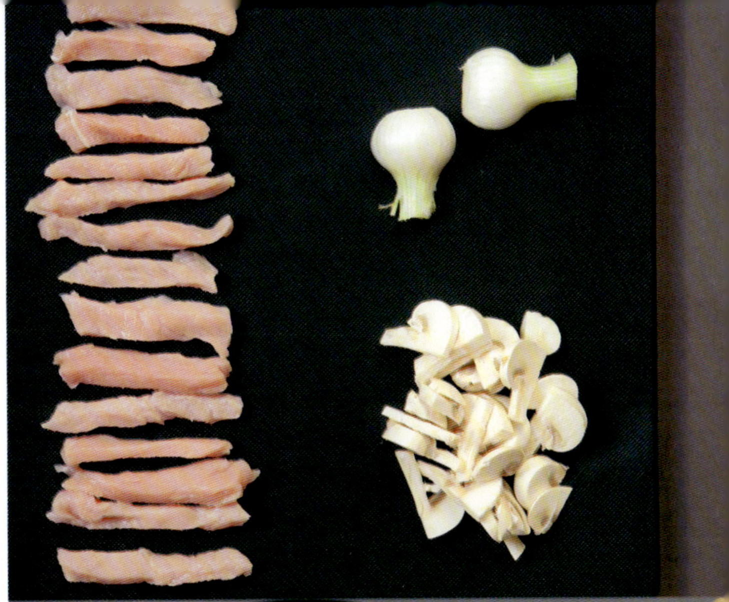

Cortar los escalopes en tiras finas. Quitar el tallo a los champiñones y lavarlos. Trocearlos y rociarlos con el zumo de limón. Pelar las cebollas y cortarlas por la mitad o en cuartos, según el tamaño.

# 2 saltear

Calentar la mantequilla en una sartén. Cuando empiece a espumar, rehogar la carne y las verduras unos 4 o 5 minutos a fuego vivo sin que se doren demasiado.

# 3 juntar

Cuando la mezcla haya tomado color, espolvorear con la harina, remover y dejar cocer unos 30 segundos. Añadir el vino blanco, el concentrado de tomates, la sal y la pimienta. Mezclar y cocer a fuego lento unos 5 o 6 minutos, hasta que los champiñones estén tiernos.

**UN PLATO SIMPLE** que actualiza de manera agradable y rápida el clásico salteado de ternera.

PARA 4 PERSONAS

**10** min. de preparación

**15** min. de cocción

**FÁCIL**

# Mini pulpetas de ternera exprés

**De la carnicería**
4 escalopes de ternera muy finos
8 lonchas de panceta ahumada no muy grasa

**De la verdulería**
1 ramito de hierbas aromáticas (laurel y tomillo)

**Del colmado**
1 cucharadita de harina
15 g de mantequilla
10 cl de vino blanco
1 cucharada de concentrado de tomate
sal y pimienta

**Para acompañar**
arroz blanco

**Material**
8 palillos o un trozo de bramante fino.

## 1 preparar

Partir por la mitad los escalopes; si es necesario, aplanarlos un poco con una botella o con la palma de la mano. Salpimentarlos y pasarlos por harina. Depositar una loncha de panceta sobre cada uno de ellos. Enrollarlos sin apretar demasiado y unirlos con un palillo o con el bramante fino.

## 2 saltear

En una olla pequeña derretir la mantequilla. Cuando haya tomado color, rehogar los trozos de ternera 4 o 5 minutos a fuego vivo.

## 3 juntar

Añadir el vino blanco, el concentrado de tomates y el ramito de hierbas. Mezclarlo todo. Cocer a fuego lento y con la olla tapada durante unos 10 minutos, el tiempo necesario para que los escalopes se hagan por dentro y la salsa haya espesado un poco. Si está demasiado espesa, se puede añadir un poco de agua durante la cocción.

**UNA VERSIÓN SIMPLIFICADA** y más ligera de las pulpetas de ternera: el relleno se ha sustituido por lonchas de panceta y la ternera está cortada en lonchas finas para acelerar la cocción.

PARA 4 PERSONAS

**5** min.
de preparación
**15-20** min. de cocción

**FÁCIL**

# Saltimbocca patas arriba

**De la carnicería**
4 escalopes de ternera bastante finos
100 g de lonchas de panceta o de jamón

**De la verdulería**
10 hojas de salvia

**Del colmado**
400 g de tallarines frescos
15 g de mantequilla
1 cucharada de aceite de oliva
5 cl de marsala o de jerez dulce
2 cucharadas de crème fraîche
sal y pimienta

**Material**
colador

## 1 preparar

Cortar los escalopes en tiras finas y la panceta en trocitos. Picar la salvia. Llevar a ebullición una olla con agua y cocer la pasta el tiempo indicado en el paquete. Lavarla bajo el grifo y escurrir.

## 2 saltear

En una sartén grande o en un wok derretir la mantequilla con el aceite. Rehogar la ternera y la panceta con la salvia unos 4 o 5 minutos a fuego vivo, removiendo de vez en cuando.

## 3 servir

Cuando la carne haya tomado color, añadir el marsala y dejar que se reduzca. A continuación añadir la crème fraîche y mezclar. Salpimentar. Finalizar la cocción a fuego lento, 1 o 2 minutos. Si la salsa está espesa, aclararla con un poco de agua. Añadir la pasta, mezclar y servir en cuatro platos o en cuencos.

**UN CLÁSICO ITALIANO** que, por lo general, requiere cierto tiempo de preparación. Esta versión ultrarrápida y «desestructurada» puede transformarse en una salsa para pasta.

PARA 4 PERSONAS

**10** min. de preparación

**12** min. de cocción

**FÁCIL**

# Buey salteado a la bourguignonne

**De la carnicería**
500 g de una carne de buey tierna y no muy fibrosa.
3 lonchas de magro ahumado

**De la verdulería**
1 zanahoria pequeña
4 cebollas tiernas
1 diente de ajo
1 hoja de laurel
1 rama de tomillo

**Del colmado**
1 cucharada de aceite de oliva
10 g de mantequilla
1 cucharadita rasa de harina
15 cl de vino tinto bien estructurado (tipo côtes-du-rhône)
1 cucharadita de concentrado de tomate
sal y pimienta

**Para acompañar**
patatas al vapor

## 1 preparar

Cortar el buey en tiras finas y el magro ahumado en trocitos. Pelar la zanahoria, las cebollas y el diente de ajo. Filetear la zanahoria en rodajas muy finas, cortar las cebollas por la mitad o a cuartos, según el tamaño, y chafar el ajo.

## 2 saltear

Calentar el aceite con la mantequilla en una sartén o en un wok. Cuando esté caliente, rehogar a fuego lento la zanahoria y las cebollas con el laurel y el tomillo durante 3 o 4 minutos. Avivar el fuego, añadir la carne con el ajo y rehogar a fuego vivo unos 2 o 3 minutos más removiendo con una cuchara de madera para que la carne y el ajo no se quemen.

## 3 servir

A partir del momento en que la carne esté soasada, espolvorearla con la harina y calentar 15 segundos. Remover y añadir el vino tinto y el concentrado de tomate. Salpimentar y dejar reducir la salsa 1 o 2 minutos a fuego lento. Si es necesario, aclarar con un poco de agua. Retirar el tomillo y el laurel antes de servir.

**EL DETALLE** Existen varias versiones del buey a la bourguignonne. En este caso es primordial que la carne sea de buena calidad, muy tierna, y respetar el tiempo de cocción.

PARA 4 PERSONAS

**10** min.
de preparación
**15** min. de cocción

**FÁCIL**

# Buey à la mode

**De la carnicería**
4 filetes de buey que sean hermosos

**De la verdulería**
800 g de zanahorias
4 cebolllas tiernas
1 ramita de tomillo
1 hoja de laurel

**Del colmado**
15 g de mantequilla
1 cucharada de aceite de oliva
5 cl de vino blanco
sal y pimienta

**Material**
colador

## 1 preparar

Pelar las zanahorias y cortarlas en rodajas finas. Pelar las cebollas. Llevar a ebullición una cazuela grande con agua salada y hervir las zanahorias con el tomillo y el laurel unos 10 minutos (que queden un poco firmes). Al final de la cocción añadir las cebollas enteras y cocer unos 2 minutos más. Reservar 5 cl del agua de la cocción. Colar las zanahorias y las cebollas. Precalentar el horno a 150 °C.

## 2 saltear

En una cazuela derretir la mantequilla en el aceite de oliva. Cuando haya tomado color, rehogar los filetes a fuego vivo unos minutos por ambos lados, y luego reservar en el horno caliente.

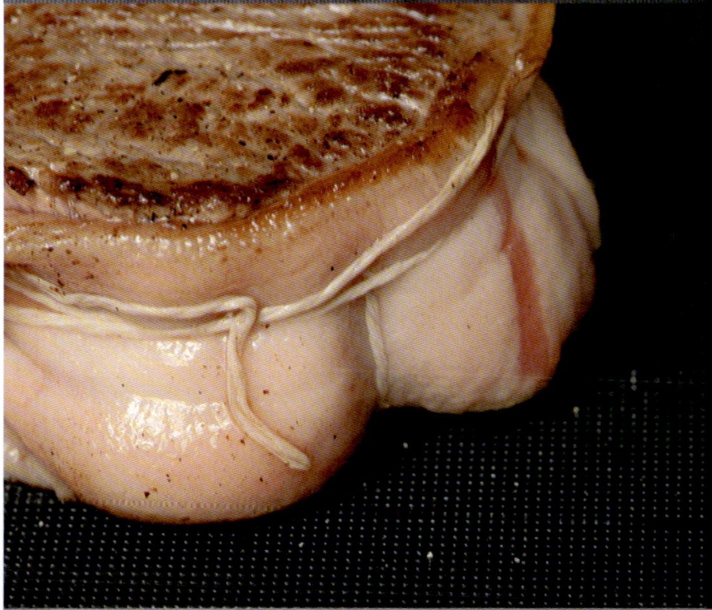

## 3 juntar

Diluir el glaseado de la cazuela añadiendo el vino blanco y el agua de la cocción de las zanahorias previamente reservada. Añadir las zanahorias y las cebollas. Salpimentar y calentar. Retirar el tomillo y el laurel. Colocar los filetes en la cazuela, sobre las zanahorias, y servir bien caliente.

**UNA PEQUEÑA TRAMPA** Si se lleva la cazuela a la mesa, parece como si el plato se hubiera hecho a fuego lento durante horas.

PARA 4 PERSONAS

**10** min. de preparación

**10** min. de cocción

**FÁCIL**

# Buey salteado en su jugo

**De la carnicería**
450 g de un carne de buey tierna, que no sea grasa
3 lonchas de panceta ahumada

**De la verdulería**
6 cebollas tiernas
1 hoja de laurel
1 hoja de tomillo

**Del colmado**
4 rebanadas de pan de especias (optativo)
1 cucharada de aceite de oliva
10 g de mantequilla
1 cucharadita de harina
1 cucharadita de azúcar
15 cl de cerveza dorada (tipo Adelscott)
sal y pimienta

**Para acompañar**
4 raciones de patatas fritas cocidas al horno

## 1 preparar

Cortar la carne de buey en tiras finas y la panceta en trocitos. Pelar las cebollas y cortarlas por la mitad o en cuartos, según el tamaño. Si se desea, tostar las rebanadas de pan de especias y cortarlas en daditos.

## 2 saltear

En una sartén grande derretir el aceite y la mantequilla. Cuando esté muy caliente rehogar la carne unos 5 minutos a fuego vivo con las cebollas, la panceta, el laurel y el tomillo. Espolvorear con la harina y remover.

## 3 juntar

Añadir el azúcar y la cerveza. Salpimentar. Remover y cocer a fuego lento unos 5 minutos procurando que la carne no se endurezca. Retirar el tomillo y el laurel. Añadir, si se desea, el pan de especias y servir con las patatas fritas.

PARA 4 PERSONAS

**15** min.
de preparación
**10** min. de marinade
**10** min. de cocción
**FÁCIL**

# Estofado acelerado

**De la carnicería**
450 g de carne de buey tierna y melosa
100 g de tocino mechado cortado a tiritas

**De la verdulería**
1 diente de ajo
1 ramita de tomillo
1 hoja de laurel
10 tomates cherry
4 cebollas tiernas
12 aceitunas negras

**Del colmado**
15 cl de vino blanco
3 cucharadas de aceite de oliva
1 cucharadita de concentrado de tomate
sal y pimienta

**Para acompañar**
calabacines salteados

## 1 marinar

Cortar la carne en tiras finas. Pelar y cortar el diente de ajo. Depositar la carne en una fuente honda con el ajo, el vino blanco, la cucharada de aceite de oliva, el tomillo y el laurel. Marinar unos minutos, el tiempo que se tarde en preparar el resto de la receta.

## 2 preparar

Cortar por la mitad los tomates cherry. Pelar las cebollas y cortarlas por la mitad o en cuartos, según el grosor. Deshuesar las aceitunas (si tienen hueso). Colar la carne y reservar el marinado.

## 3 cocer

Calentar en una sartén grande o en un wok las 2 cucharadas restantes de aceite. Cuando esté bien caliente, rehogar un poco la carne con el tocino mechado, unos 2 o 3 minutos, y luego añadir el concentrado de tomate y las aceitunas. Remover y añadir el marinado poco a poco. Reducir la salsa unos minutos. Salpimentar, remover y listo para servir.

PARA 4 PERSONAS

15 min. de preparación

15 min. de cocción

FÁCIL

# Guiso de cordero, nabos y patatas

**De la carnicería**
4 trozos de pierna de cordero

**De la verdulería**
1 zanahoria grande
2 nabos
10 tomates cherry
2 cebollas tiernas
1 diente de ajo
1 hoja de laurel
1 ramita de tomillo

**Del colmado**
100 g de habas o de guisantes congelados
1 cucharada de aceite de oliva
1 cucharada de azúcar
1 cucharada rasa de harina
1 cucharadita de concentrado de tomate
sal y pimienta

**Para acompañar**
patatas al vapor

**Material**
colador

## 1 preparar

Llevar a ebullición una cazuela grande con agua con sal. Cortar la carne en tiras y retirar la grasa. Pelar las zanahorias y los nabos. Cortar la zanahoria en rodajas finas, los nabos en daditos, los tomates por la mitad y las cebollas también por la mitad o en cuartos, según el grosor. Chafar el diente de ajo. Cuando el agua hierva a borbotones, añadir las zanahorias, los nabos y los guisantes o las habas y hervir durante 5 minutos; tienen que quedar un poco firmes. Reservar 20 cl del agua de la cocción y escurrir las verduras.

## 2 saltear

En una sartén grande o un wok calentar el aceite de oliva y rehogar someramente la carne durante un par de minutos con las cebollas y el ajo, sin que se quemen. Espolvorear con el azúcar y la harina. Remover, dejar caramelizar durante 1 minuto y salpimentar.

## 3 juntar

Añadir 10 cl del agua de la cocción reservada previamente y añadir las verduras, el tomillo, el laurel y el concentrado de tomate. Cocer a fuego lento de 5 a 10 minutos. Si la salsa se ha reducido demasiado, añadirle un poco de agua de la cocción. Servir muy caliente.

**UN EJEMPLO TÍPICO** de uno de esos grandes platos por excelencia a los que es difícil lanzarse si no se tiene todo el día por delante. Haciendo un poquito de trampa, es posible lograr un resultado delicioso y, por supuesto, rápido.

PARA 4 PERSONAS

**10** min. de preparación

**15-20** min. de cocción

**FÁCIL**

# Pastel de cordero y berenjena en vasos de vidrio

**De la carnicería**
400 g de carne de cordero desgrasada

**De la verdulería**
2 berenjenas
300 g de tomates cherry
1 diente de ajo
3 ramitas de tomillo
5 hojas grandes de albahaca

**Del colmado**
6 cucharadas de aceite de oliva
sal y pimienta

**Material**
picadora
4 altos transparentes

## **1** preparar

Precalentar el horno a 150 °C. Cortar las berenjenas en rodajas gruesas y luego en daditos. Cortar los tomates cherry por la mitad. Pelar el ajo. Deshojar el tomillo. Deshojar y picar la albahaca. Picar la carne en la tabla con el ajo, el tomillo y una cucharada de aceite de oliva, sal y pimienta.

## **2** cocer

Calentar en una sartén 3 cucharadas de aceite de oliva y saltear los dados de berenjena a fuego vivo de 10 a 15 minutos, sin que se quemen. Salpimentar y conservar calientes en el horno. En otra sartén rehogar la carne picada 3 o 4 minutos con una cucharada de aceite de oliva a fuego vivo, el tiempo suficiente para que la carne desprenda toda el agua y se dore un poco. Reservar también en el horno. En una tercera sartén saltear con el aceite restante los tomates cortados en cuartos durante 1 minuto. Salpimentar.

## **3** montar

En los vasos grandes distribuir en primer lugar las berenjenas, después la carne picada y finalmente los tomates. Servir caliente o templado, espolvoreado con albahaca picada.

**UN PEQUEÑO TRUCO** para ganar tiempo consiste en utilizar tres sartenes a la vez.

PARA 4 PERSONAS

**10** min.
de preparación
**10** min. de cocción

**FÁCIL**

# Curry de cordero exprés

**De la carnicería**
450 g de carne de cordero desgrasada

**De la verdulería**
1 diente de ajo
1 cebolla
1 tomate
1 trozo de jengibre del tamaño de una nuez

**Del colmado**
2 cucharadas de aceite de cacahuete
1 ramita de canela
1 clavo de olor
1 cucharada rasa de curry en polvo
15 cl de yogur griego
unas briznas de cilantro (optativo)
sal y pimienta

**Para acompañar**
arroz basmati

## 1 preparar

Cortar la carne en tiras finas. Pelar el ajo y la cebolla y luego picarlo todo junto. Cortar el tomate en cuartos, quitar las semillas y cortar la pulpa en daditos. Pelar y rallar el jengibre. Si se opta por añadir cilantro, que sea bien picado.

## 2 saltear

En una sartén grande calentar el aceite. Añadir la cebolla, el ajo, la canela y el clavo de olor. Rehogar 1 o 2 minutos, sin que se quemen. Añadir la carne y el jengibre. Espolvorear con curry y prolongar la cocción durante 1 minuto a fuego medio.

## 3 juntar

Añadir el tomate y el yogur. Salpimentar y cocer a fuego suave unos 2 o 3 minutos, el tiempo suficiente para que se caliente el yogur, que bajo ningún concepto debe hervir. Espolvorear, si se desea, con el cilantro y servir.

PARA 4 PERSONAS

**15** min. de preparación

**20** min. de cocción

**FÁCIL**

# Magrets de pato asado con dados de nabo

**De la carnicería**
2 filetes magros de pato grandes

**De la verdulería**
600 g de nabos

**Del colmado**
2 cucharadas de miel líquida
10 cl de caldo concentrado de ave
sal y pimienta

**Material**
colador

# 1 preparar

Precalentar el horno a 220 °C. Llevar a ebullición una gran cazuela de agua con sal. Pelar los nabos y cortarlos en dados de 1,5 cm. Marcar con el cuchillo la piel de los filetes magros en diagonal. Cuando el agua hierva a borbotones, blanquear los nabos unos 5 minutos manteniendo la ebullición, y luego escurrirlos bien.

# 2 asar

En una sartén rehogar los filetes magros por el lado de la piel unos 5 minutos, el tiempo suficiente para que quede rustida y suelte la grasa. A continuación depositar los filetes en una bandeja de horno con la piel hacia arriba. Hornear durante 15 minutos (hasta que la carne quede rosada).

# 3 juntar

Mientras tanto rehogar en la grasa del pato los dados de nabo con la miel unos 2 o 3 minutos a fuego vivo, hasta que adquieran un bonito color tostado. Añadir el caldo concentrado de ave y reducir a fuego vivo. Salpimentar y cocer a fuego lento durante unos minutos, el tiempo suficiente para que el pato termine de hacerse en el horno. Cortar los filetes en lonchas, disponer los nabos alrededor y servir enseguida.

PARA 4 PERSONAS

**10** min. de preparación
**15** min. de marinade
**5** min. de cocción
**FÁCIL**

# Como pato a la naranja

**De la carnicería**
500 g de carne de pato (pechuga cortada a tiras o filete magro, sin la piel)

**De la verdulería**
2 naranjas sin tratar
unas briznas de cilantro (optativo)

**Del colmado**
1 cucharada de miel
1 cucharada de salsa de soja
1 cucharada de licor de naranja (tipo Grand Marnier o Cointreau)
1 cucharadita de fécula de maíz
1 cucharada de aceite de cacahuete o de girasol
10 g de mantequilla
pimienta

**Para acompañar**
mezcla de arroces

**Material**
colador

## 1 preparar

Cortar en tiras finas la carne de pato. Reservar la piel de una naranja y luego exprimir las dos. Cortar la piel en tiras lo más delgadas posible. Si se opta por añadir cilantro, hay que picarlo.

## 2 marinar

Mezclar el zumo de naranja, la miel, la salsa de soja y el licor. Añadir un poco de pimienta. Rociar la carne con esta mezcla y dejarla marinar unos 15 minutos. A continuación escurrirla presionándola bien para retirarle todo el líquido posible. Reservar el marinado. Enharinar la carne con la fécula de maíz.

## 3 cocer

Calentar el aceite y derretir la mantequilla en un wok. Cuando esté bien caliente rehogar a fuego vivo las tiras de pato con la piel de naranja unos 3 o 4 minutos. Al término de la cocción añadir el marinado y reducirlo unos 15 segundos hasta obtener una salsa aterciopelada. Espolvorear con cilantro cortado y servir caliente.

**FRESCA Y LIGERA,** rápida de preparar, conserva a pesar de todo el sabor pronunciado de los cítricos.

PARA 4 PERSONAS

**5** min. de preparación

**10** min. de cocción

**FÁCIL**

# Pato con aceitunas desestructurado

**De la carnicería**
400 g de carne de pato (pechuga cortada en tiras o filetes magros, sin la piel)

**De la verdulería**
unas veinte aceitunas verdes

**Del colmado**
1 dado de caldo de pollo
400 g de pasta fresca (tipo tallarines)
10 g de mantequilla
1 cucharada de aceite de cacahuete
3 cucharadas colmadas de crème fraîche espesa
sal y pimienta

**Material**
colador

## 1 preparar

Filetear el pato en tiras muy delgadas. Deshuesar y cortar las aceitunas en trozos. Diluir el cubito de caldo de pollo en 5 cl de agua. Llevar a ebullición una cazuela de agua con sal y cocer la pasta el tiempo indicado en el envoltorio. Escurrir.

## 2 saltear

En una sartén grande o un wok, calentar la mantequilla y el aceite a fuego vivo. Cuando la mezcla esté bien caliente, rehogar las tiras de pato unos 2 o 3 minutos. Salpimentar.

## 3 juntar

Añadir el caldo de ave y la crème fraîche. Mezclar y a continuación añadir las aceitunas. Bajar a fuego lento y dejar aún unos 2 o 3 minutos, el tiempo suficiente para que la salsa se espese. Rectificar el condimento si es necesario. Mezclar con la pasta y servir muy caliente.

PARA 4 PERSONAS
**5** min. de preparación
**10-15** min. de remojo
**6** min. de cocción
**FÁCIL**

# Salteado de pato con boletus

**De la carnicería**
450 g de lomo de pato cortado en tiras o de filetes magros, sin piel

**Del colmado**
15 g de boletus deshidratados
20 g de mantequilla
1 cucharada de vinagre de jerez
3 cucharadas de crème fraîche
sal, pimienta

**Para acompañar**
patatas salteadas

# 1 preparar

Remojar los boletus en 20 cl de agua de 10 a 15 minutos. Mientras tanto, cortar el pato en tiras delgadas. Cuando las setas se hayan ablandado, escurrirlas y reservar el agua. Cortar las de mayor tamaño en trocitos.

# 2 saltear

Derretir la mantequilla en una sartén grande y a continuación rehogar las setas unos minutos. Añadir las tiras de filete de pato y dejar que tomen color unos 2 o 3 minutos (por dentro tienen que quedar rosadas).

# 3 juntar

Desglasar el fondo de cocción de la sartén añadiéndole el jerez. Añadir 10 cl del agua de las setas y luego la crème fraîche. Salpimentar y reducir la salsa cociéndola a fuego medio unos 3 o 4 minutos. Si se espesa demasiado, añadirle el agua de las setas. Servir caliente.

PARA 4 PERSONAS
10 min. de preparación
10 min. de cocción
FÁCIL

# Curry de pollo al minuto

**De la carnicería**
4 pechugas de pollo

**De la verdulería**
1 cebolla tierna
6 tomates cherry
1 trozo de jengibre fresco del tamaño de una nuez
unas briznas de cilantro (optativo)

**Del colmado**
3 vainas de cardamomo
2 cucharadas de aceite de cacahuete o de girasol
1 ramita de canela
1 clavo de olor
1 cucharada de curry en polvo
15 cl de leche de coco en conserva
sal y pimienta

**Para acompañar**
arroz basmati

## 1 preparar

Cortar el pollo en tiras. Pelar y cortar la cebolla. Cortar los tomates cherry por la mitad. Pelar el jengibre y rallarlo. Si se añade cilantro, hay que picarlo. Machacar los granos de cardamomo.

## 2 saltear

Calentar el aceite en una sartén grande o un wok. Cuando esté bien caliente, rehogar 1 minuto aproximadamente la cebolla con la ramita de canela, el clavo de olor, el cardamomo y el jengibre, sin que se quemen. Añadir las tiras de pollo, espolvorear con el curry y rehogar 2 o 3 minutos.

## 3 juntar

A continuación añadir la leche de coco y los tomates cherry. Dejar a fuego lento unos minutos, el tiempo suficiente para que termine la cocción del pollo y para que se espese la salsa; no tiene que hervir. Retirar la ramita de canela y el clavo de olor y espolvorear con el cilantro picado. Servir enseguida.

**EL DETALLE** Existen muchos y muy variados platos con curry. Esta receta «al minuto» solo lleva los elementos básicos, pero respeta los sabores auténticos de la cocina hindú.

PARA 4 PERSONAS

**20** min.
de preparación
**25** min. de cocción

**FÁCIL**

# Cuscús simplificado

**De la carnicería**
4 pechugas de pollo
4 salchichas merguez

**De la verdulería**
2 zanahorias
1 cebolla
1 diente de ajo
2 calabacines
1 tomate
50 g de pasas doradas

**Del colmado**
400 g de sémola de grano mediano
1 tarro pequeño de garbanzos en conserva
4 cucharadas de aceite de oliva
1 cucharadita de concentrado de tomate
unas briznas de azafrán
1 cucharadita de comino
1 cucharadita de ras-el-hanout (o bien de pimienta de Jamaica)
1 cubito de caldo de pollo
1 cucharada de harissa (o bien de concentrado de tomate mezclado con pimentón)
unas briznas de cilantro (optativo)
sal, pimienta

## 1 preparar

Pelar las zanahorias, la cebolla y el ajo. Cortar las zanahorias en rodajas muy finas y los calabacines en rodajas gruesas. Picar fina la cebolla y reservar el diente de ajo entero. Cortar el tomate en cuartos y quitarle las pepitas. Poner la sémola en una ensaladera grande. Remojar las pasas en un poco de agua caliente. Escurrir los garbanzos.

## 2 cocinar a fuego lento

En una olla calentar 2 cucharadas de aceite de oliva. A continuación rehogar 1 minuto la cebolla con el ajo y las zanahorias a fuego medio procurando que no se quemen. Añadir las rodajas de calabacín, el concentrado de tomate, el azafrán, el comino, el ras-el-hanout y el cubito de caldo de pollo desmenuzado. Remover y cubrir de agua. Salpimentar, llevar a ebullición y cocer a fuego lento durante unos 10 minutos. Al término de la cocción, añadir el tomate y los garbanzos. Reservar un poco de caldo para cubrir la sémola y dejar que el grano se vaya hinchando durante 8 minutos.

## 3 juntar

Cortar el pollo en tiras y las salchichas merguez en 4 o 5 trozos. En una sartén grande, calentar el aceite restante y rehogar la carne a fuego vivo unos 5 o 6 minutos. Salpimentar. Colocar la sémola en un plato hondo, con la carne en medio. Servir las verduras en una ensaladera, con el caldo, y presentar aparte la harissa y las pasas escurridas. Espolvorear, si se desea, con el cilantro picado.

PARA 4 PERSONAS

**10** min. de preparación

**20** min. de cocción

**FÁCIL**

# Pechugas de pollo con salsa diablo

**De la carnicería**
4 pechugas de pollo no muy gruesas

**De la verdulería**
2 chalotas
1 ramita de estragón

**Del colmado**
1 cucharadita de caldo concentrado de ave
4 cucharadas de pan rallado fino
50 g de mantequilla
5 cl de vinagre
5 cl de vino blanco
1 cucharada de mostaza
sal y pimienta

**Para acompañar**
patatas salteadas

# 1 preparar

Pelar y cortar muy finamente las chalotas. Cortar asimismo las hojas de estragón. Diluir el concentrado de caldo de pollo en 7 cl de agua caliente. Aplanar al máximo las pechugas. Derretir 20 g de mantequilla. Precalentar el horno a 200 °C.

# 2 empanar

Depositar el pan rallado en una bandeja grande. Untar las pechugas con la mantequilla derretida, salpimentar y pasarlas por el pan rallado. Depositarlas en una bandeja grande de horno con un trocito de mantequilla por encima. Hornear de 15 a 20 minutos hasta que la corteza del pan se dore un poco (si es preciso, gratinarlas al final de la cocción).

# 3 cocer

Rehogar 2 minutos las chalotas y el estragón a fuego suave en una cazuela con 10 g de mantequilla. Añadir el vinagre y el vino blanco, y luego reducirlos a fuego vivo durante unos minutos. Salpimentar. Añadir al final la mantequilla restante y la mostaza batiendo la mezcla con energía para homogeneizar la salsa, que no tiene que hervir. Servir las pechugas en los platos y verter la salsa alrededor.

PARA 4 PERSONAS

**5** min.
de preparación
**15** min. de remojo
**5** min. de cocción
**FÁCIL**

# Fricasé de pollo con colmenillas

**De la carnicería**
4 pechugas de pollo

**Del colmado**
15 g de mantequilla
5 cl de vino blanco
½ cubito de caldo de pollo
3 cucharadas de crème fraîche
sal y pimienta

**De la verdulería**
15 g de colmenillas deshidratadas
2 chalotas

**Para acompañar**
pasta fresca

**Material**
colador

## 1 remojar

Remojar las colmenillas en 25 cl de agua durante 15 minutos.

## 2 preparar

Pelar las chalotas y cortarlas finas. Cortar el pollo en tiras finas. Cuando las colmenillas se hayan ablandado, escurrirlas filtrando bien el agua y reservarla. Cortar en trozos los champiñones de mayor tamaño.

## 3 cocer

En una sartén hacer sudar un par de minutos las chalotas a fuego suave con la mantequilla. Avivar el fuego y añadir las tiras de pollo y las colmenillas. Saltear unos minutos. Salpimentar. Añadir el vino blanco, 10 cl del agua de remojar las colmenillas y el medio cubito de caldo de pollo desmenuzado. Remover. Reducir el jugo resultante y añadir la crème fraîche. Volver a remover y cocer a fuego lento 2 o 3 minutos. Si la salsa se ha reducido demasiado, añadir un poco más del agua de remojo de las setas.

PARA 4 PERSONAS

**10** min. de preparación

**10** min. de cocción

**FÁCIL**

# Pechugas de pollo salteadas con sidra

**De la carnicería**
4 pechugas de pollo

**De la verdulería**
2 manzanas ácidas de pulpa firme
el zumo de ½ limón

**Del colmado**
25 g de mantequilla
1 cucharadita de azúcar semirrefinado
½ cubito de caldo de pollo
15 cl de sidra brut
15 cl de crème fraîche
sal y pimienta

**Para acompañar**
mezcla de arroces

# 1 preparar

Cortar las pechugas de pollo en tiras finas. Pelar y vaciar las manzanas. Cortarlas en cuartos y luego en rodajas finas. Rociarlas con el zumo del limón.

# 2 saltear

En una sartén grande calentar 15 g de mantequilla y rehogar a fuego vivo las rodajas de manzana con el azúcar semirrefinado hasta que se doren y estén tiernas. En otra sartén rehogar 2 o 3 minutos el pollo con la mantequilla restante a fuego medio, procurando que no se doren demasiado. Desmenuzar el cubito de caldo sobre el pollo.

# 3 servir

Rociar el pollo con la sidra y dejar reducir un ratito. Añadir la crème fraîche, remover y cocer a fuego lento unos 5 o 6 minutos, el tiempo necesario para que la salsa se espese. Salpimentar si es preciso. Servir el pollo en una fuente, poner las manzanas alrededor y verter la salsa.

**UN PEQUEÑO TRUCO** Para ganar tiempo, se pueden cocer las manzanas y el pollo en la misma sartén.

PARA 4 PERSONAS

**10** min. de preparación

**10** min. de cocción

**FÁCIL**

# Pollo a la vasca al minuto

**De la carnicería**
4 pechugas de pollo

**De la verdulería**
1 pimiento rojo
4 cebollas tiernas
12 tomates cherry

**Del colmado**
3 cucharadas de aceite de oliva
10 cl de vino blanco
sal y pimienta

**Para acompañar**
mezcla de arroces

## **1** preparar

Pelar las cebollas y cortarlas por la mitad o en cuartos, según el tamaño. Cortar las pechugas en tiras finas y los tomates cherry por la mitad.

## **2** cortar

Retirar el pedúnculo del pimiento, despepitarlo y cortarlo en daditos.

## **3** cocer

En una sartén grande o un wok calentar el aceite de oliva. Rehogar los daditos de pimiento y las cebollas unos 5 minutos a fuego medio, sin que se quemen. Añadir las tiras de pollo y saltearlas a fuego vivo unos 3 o 4 minutos. Añadir los tomates cherry y el vino blanco y a continuación reducir la salsa unos 2 minutos. Salpimentar si es necesario. Servir enseguida.

**UN GRAN CLÁSICO** de la cocina vasca que en esta versión rápida se convierte en un plato sencillo y refrescante, ideal para el verano.

PARA 4 PERSONAS

**10** min. de preparación

**10** min. de cocción

**FÁCIL**

# Pollo salteado al riesling

**De la carnicería**
4 pechugas de pollo

**De la verdulería**
250 g de champiñones
el zumo de ½ limón
2 chalotas

**Del colmado**
½ cubito de caldo de pollo
10 g de mantequilla
10 cl de riesling
3 cucharadas de crème fraîche
sal y pimienta

**Para acompañar**
pasta alsaciana (tipo spätzle)

## 1 preparar

Retirar el tallo a los champiñones, lavarlos y cortarlos en láminas finas. Rociarlos con el zumo del limón. Cortar las pechugas en tiras finas. Pelar y cortar las chalotas.

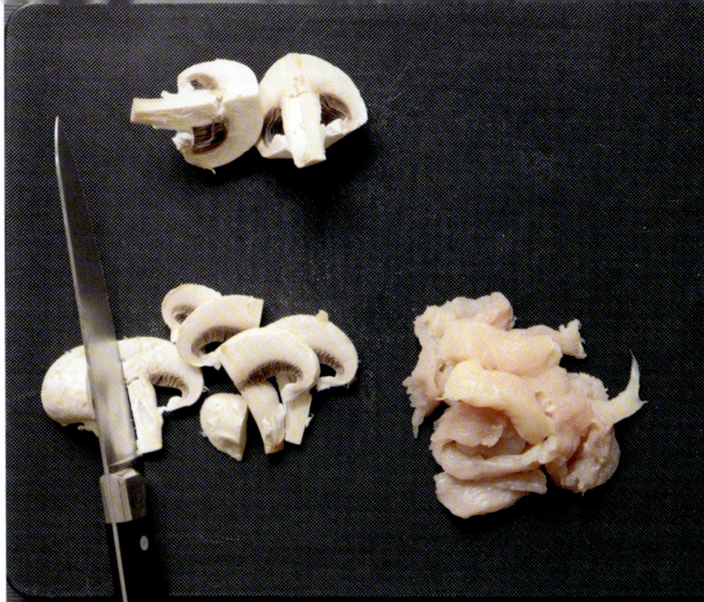

## 2 saltear

En una sartén grande y a fuego lento hacer sudar las chalotas con la mantequilla un par de minutos. Añadir los champiñones y la tiras de pollo y rehogar a fuego vivo unos 4 o 5 minutos. Desmenuzar el medio cubito de caldo por encima del pollo.

## 3 juntar

Cuando los champiñones hayan soltado el agua, añadir el riesling. Dejar que se reduzca y añadir la crème fraîche. Cocer a fuego lento unos 3 o 4 minutos más, el tiempo suficiente para que la salsa se espese. Salpimentar si es necesario y servir.

PARA 4 PERSONAS

**10** min. de preparación

**8** min. de cocción

**FÁCIL**

# Tajine de pollo al minuto con limones confitados

**De la carnicería**
4 pechugas de pollo

**Del colmado**
1 limón confitado
2 cucharadas de aceite de oliva
sal y pimienta

**De la verdulería**
2 calabacines pequeños
15 aceitunas negras o moradas
1 diente de ajo
1 ramito de cilantro

**Para acompañar**
sémola

## 1 preparar

Cortar las pechugas de pollo en tiras. Lavar y retirar el tallo de los calabacines sin pelarlos y luego cortarlos en daditos. Cortar asimismo el limón confitado en dados y las aceitunas en cuartos. Pelar el ajo y cortarlo fino. Deshojar y picar el cilantro.

## 2 saltear

Calentar el aceite de oliva en una sartén grande o en un wok. Cuando esté bien caliente, rehogar las tiras de pollo 1 o 2 minutos.

## 3 juntar

Añadir los daditos de calabacín y de limón, las aceitunas y el ajo. Rehogar 5 minutos más a fuego medio, sin que se quemen. Espolvorear con cilantro y servir con la sémola de cuscús.

**UN TAJINE CLÁSICO** cuece mucho rato a fuego lento en la famosa olla de barro de forma cónica. En este caso solo se mantienen los ingredientes principales (las aceitunas y los limones confitados) para obtener un resultado fresco y ligero.

PARA 4 PERSONAS

**10** min. de preparación

**15** min. de cocción

**FÁCIL**

# Pastilla de pollo exprés

**De la carnicería**
4 pechugas de pollo

**De la verdulería**
1 cebolla pequeña
1 ramito de cilantro

**Del colmado**
4 cucharadas de aceite de oliva
15 g de mantequilla
25 g de almendras fileteadas
2 cucharaditas de canela en polvo + para servir
1 cucharadita de ras-el-hanout (o bien pimienta de Jamaica)
una pizca de pistilos de azafrán
2 cucharadas de azúcar
2 cucharadas de agua de azahar
4 hojas de pasta brick
azúcar glas
sal y pimienta

**Material**
picadora
pincel

## 1 preparar

Precalentar el horno a 210 °C. Pelar la cebolla y deshojar el cilantro. Picar las pechugas de pollo con las hojas de cilantro, la cebolla y una cucharada de aceite de oliva. Derretir la mantequilla.

## 2 saltear

En una sartén grande rehogar los ingredientes picados unos 5 minutos a fuego vivo en el aceite de oliva restante. Salpimentar generosamente y añadir las almendras, las especias, el azúcar y el agua de azahar. Mezclar y dejar enfriar.

## 3 montar

Extender las hojas de pasta brick. Repartir el relleno y doblar con cuidado la pasta (5 o 6 dobleces) hasta formar cuatro tortitas. Untarlas con mantequilla por los bordes utilizando el pincel y volverlas del otro lado en un gesto rápido para que no se desdoblen (se pueden aplanar un poco con una espátula). Volver a untar con un poco de mantequilla derretida por encima. Disponer en la bandeja del horno y hornear unos 8 o 10 minutos, el tiempo suficiente para que la pasta se dore y se vuelva crujiente. Espolvorear con azúcar lustre y canela antes de servir.

PARA 4 PERSONAS

**10** min. de preparación

**13** min. de cocción

**FÁCIL**

# Mini fricasé de pintada con col

**De la carnicería**
4 supremas de pintada (o 4 pechugas de pollo)
100 g de tocino mechado a tiritas

**De la verdulería**
4 coles verdes pequeñas o 100 g de hojas de col verde
1 zanahoria
4 cebollas tiernas

**Del colmado**
1 cucharadita de harina
1 cubito de caldo de pollo
10 cl de vino blanco
sal y pimienta

**Para acompañar**
patatas al vapor

**Material**
colador

## 1 preparar

Cortar el pollo en tiras. Pelar la zanahoria y las cebollas. Cortar la zanahoria en barritas finas y las cebollas por la mitad o en cuartos, según su tamaño.

## 2 sancochar

Llevar 50 cl de agua salada a ebullición. Eliminar el tallo de la col, cortar las hojas en tiras y sancocharlas 3 minutos en el agua hirviendo. Escurrir.

## 3 cocer

En una sartén grande o un wok, saltear el tocino mechado en seco (sin materia grasa). Cuando haya empezado a soltar la grasa, añadir las barritas de zanahoria, la col y las cebollas, y rehogar unos 2 minutos a fuego medio. Añadir la pintada y cuando empiece a dorarse (3 o 4 minutos), espolvorear con la harina, mezclar y desmenuzar por encima el cubito de caldo de pollo. Añadir el vino blanco, mezclar y dejar cocer a fuego medio 4 o 5 minutos más. Si la salsa se reduce demasiado, añadir un poco de agua. Salpimentar si es necesario. Servir.

PARA 4 PERSONAS

**10** min. de preparación

**25** min. de cocción

**FÁCIL**

# Cassoulet de verano

**De la carnicería**

4 salchichas ahumadas (tipo Montbéliard)
4 lonchas de panceta ahumada no muy gruesas

**De la verdulería**

1 kg de alubias precocinadas
1 zanahoria
1 diente de ajo
1 cebolla
1 tomate
1 ramito de hierbas

**Del colmado**

1 clavo de olor
1 cucharadita de sal gorda
pimienta

## **1** preparar

Desgranar las alubias. Pelar la zanahoria, el ajo y la cebolla. Cortar la zanahoria en rodajas y el tomate en cuartos. Picar la cebolla con el clavo de olor. Pinchar dos o tres veces las salchichas con un tenedor.

## **2** cocer

Disponer todas las verduras (salvo el tomate) y el ramito de hierbas en una cazuela grande. Añadir la pimienta y cubrirlas de agua. Llevar lentamente a ebullición y dejar cocer unos 10 minutos evitando que hierva a borbotones. Añadir las salchichas, las lonchas de panceta ahumada y el tomate. Cubrir en sus tres cuartas partes y dejar que cueza de 10 a 15 minutos, hasta que las alubias estén tiernas pero mantengan la firmeza. Añadir sal gorda al final de la cocción.

## **3** juntar

Retirar la cebolla, el ajo y el ramito de hierbas. Eliminar tres cuartas partes del caldo de la cocción. Cortar las salchichas en rodajas gruesas y las lonchas de panceta por la mitad. Presentar las verduras en una bandeja grande y disponer la carne por encima. Servir.

**UNA VERSIÓN LIGHT** y simplificada del cassoulet que lleva todos los ingredientes básicos.

PARA 4 PERSONAS

**10** min. de preparación

**10** min. de cocción

**FÁCIL**

# Solomillo de cerdo salteado a la antillana

**De la carnicería**
450 g de solomillo de cerdo

**De la verdulería**
1 zanahoria
1 diente de ajo
1 chalota
1 tomate
2 limas
1 guindilla

**Del colmado**
2 cucharadas de aceite de cacahuete
1 cucharadita de curry caribeño (o el curry que se encuentre)
1 cucharada de azúcar semirrefinado
sal y pimienta

**Para acompañar**
arroz criollo

## 1 preparar

Cortar el solomillo en tiras. Pelar la zanahoria y cortarla en rodajas muy finas. Pelar el ajo y la chalota y picarlos finos. Cortar el tomate en cuartos, quitarle las semillas y cortarlo en cubitos. Rallar la piel de una de las limas antes de exprimirla y cortar la otra en rodajas finas. Quitar las semillas de la guindilla y picarla fina.

## 2 saltear

En una sartén grande o un wok calentar el aceite y rehogar el ajo, la chalota, la guindilla y la zanahoria durante 1 minuto a fuego medio. Añadir la carne y rehogarla unos 4 o 5 minutos a un fuego algo más vivo procurando que el ajo no se queme. Espolvorear con el azúcar semirrefinado y el curry caribeño y remover.

## 3 juntar

Añadir el zumo de lima, los cubitos de tomate, la cáscara de lima y 5 cl de agua. Salpimentar. Dejar cocer a fuego lento otros 5 minutos con la sartén destapada. Al final de la cocción añadir las rodajas de lima. Si la salsa está demasiado espesa, añadir un poco de agua. Si está demasiado ácida, añadir un poco de azúcar. Servir caliente con el arroz.

PARA 4 PERSONAS

**10** min. de preparación

**10-20** min. de cocción

**FÁCIL**

# Lomos de conejo salteados a la cazadora

**De la carnicería**

450 g de lomos de conejo o 600 g de conejo cortado en trozos pequeños y sin hueso
100 g de tocino mechado en tiras muy finas

**De la verdulería**

200 g de champiñones no muy grandes
el zumo de ½ limón
5 cebollas tiernas

**De la verdulería**

1 cucharadita de harina
1 cucharada de mostaza
2 cucharadas de concentrado de tomate
15 g de mantequilla
10 cl de vino blanco seco
sal y pimienta

**Para acompañar**

patatas al vapor

## 1 preparar

Cortar los lomos de conejo en tiras finas. Lavar y cortar los champiñones en rodajas. Rociarlos ligeramente con el zumo de limón. Pelar las cebollas y cortarlas por la mitad o en cuartos, según su tamaño. En un cuenco pequeño mezclar la harina, la mostaza y el concentrado de tomate.

## 2 saltear

En una sartén grande o un wok derretir la mantequilla. Cuando haya tomado un poco de color, rehogar el tocino mechado con los champiñones y las cebollas unos 6 o 7 minutos. Añadir la carne y dejar que se dore; a continuación añadir la mezcla de harina, mostaza y concentrado de tomate. Mezclar y salpimentar.

## 3 juntar

Añadir el vino blanco. Remover con tiento para que la salsa quede uniforme. Dejar cocer a fuego lento otros 6 o 7 minutos, el tiempo necesario para que la carne acabe de cocerse. Salpimentar si es necesario y servir.

PARA 4 PERSONAS

**10** min.
de preparación
**10** min. de reposo
**10** min. de cocción
**FÁCIL**

# Mini fricasé de conejo con ciruelas

**De la carnicería**
450 g de lomos o 650 g de conejo cortado en trozos finos y sin hueso
100 g de tocino en tiritas

**De la verdulería**
2 cebollas tiernas
8 ciruelas

**Del colmado**
10 g de mantequilla
1 cucharadita de harina
5 cl de coñac
10 cl de vino tinto con cuerpo
sal y pimienta

**Para acompañar**
pasta fresca (tallarines o pappardelle)

## 1 preparar

Cortar la carne en tiras. Pelar las cebollas y cortarlas por la mitad o en cuartos, según su tamaño. Deshuesar las ciruelas y cortarlas en cuartos.

## 2 saltear

En una sartén grande calentar la mantequilla. Añadir el tocino y las cebollas y luego rehogar a fuego medio unos 2 minutos. Añadir el conejo y rehogarlo también unos 3 o 4 minutos. Espolvorear con harina, mezclar y dejar que cueza 30 segundos. Salpimentar.

## 3 servir

Añadir el coñac y dejar que se reduzca hasta que quede glaseado (y pierda más de dos tercios de su volumen). Añadir el vino tinto y remover. Añadir las ciruelas y dejar cocer a fuego lento unos minutos más, el tiempo suficiente para que la carne termine de cocerse. Salpimentar si es necesario y servir.

**EL BUEN MARIDAJE** del conejo y las ciruelas es ya clásico, pero también es posible hacer esta receta con pechugas de pollo.

PARA 4 PERSONAS

**5** min.
de preparación
**12-20** min. de cocción

**FÁCIL**

# Mini fricasé de conejo con mostaza

**De la carnicería**
450 g de lomos o 600 g de rabadilla de conejo cortada fina

**De la verdulería**
4 cebollas tiernas

**Del colmado**
10 g de mantequilla
1 ramita de tomillo
1 hojita de laurel
1 cucharadita de harina
10 cl de un vino blanco seco
1 cucharada de crème fraîche espesa
2 cucharadas de mostaza fuerte fina
1 cucharada de mostaza a la antigua
sal y pimienta

**Para acompañar**
pasta fresca

## 1 preparar

Cortar el conejo en tiras finas, salpimentarlas y untarlas con una cucharada de mostaza fina. Pelar las cebollas y cortarlas por la mitad o en cuartos, según su tamaño.

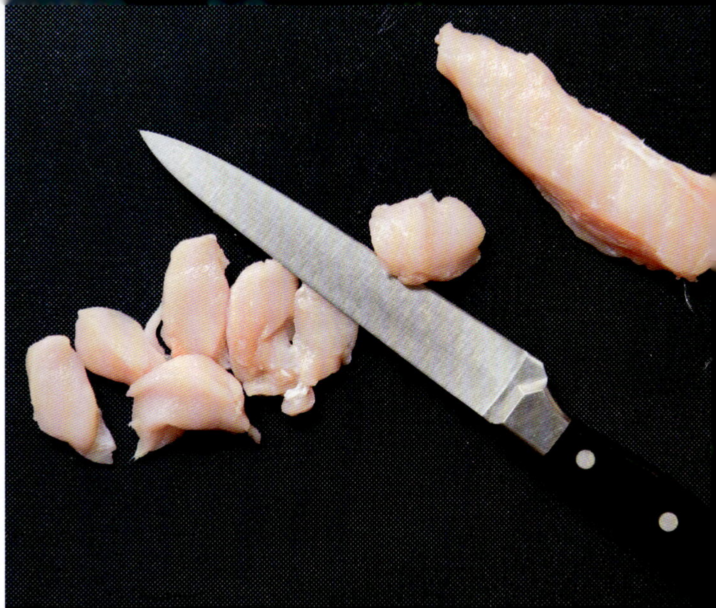

## 2 saltear

En una sartén grande derretir la mantequilla. Rehogar las cebollas unos 2 o 3 minutos con el tomillo y el laurel, a fuego medio y sin que se quemen. Añadir la carne y rehogarla unos 3 o 4 minutos.

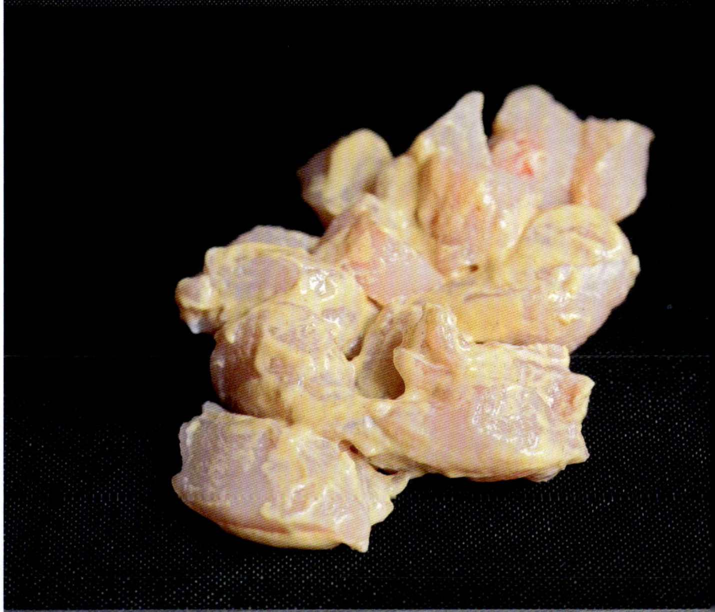

## 3 juntar

Cuando la carne se haya dorado un poco, espolvorear con la harina, dejar cocer 30 segundos y mezclar. Añadir el vino blanco y dejar cocer a fuego lento de 5 a 10 minutos aclarando la salsa con un poco de agua si se espesa muy deprisa. Al final de la cocción añadir la crème fraîche y las dos mostazas. Mezclar y dejar cocer 1 o 2 minutos, el tiempo suficiente para que la salsa se espese. Salpimentar si es necesario. Servir.

# pescados

PARA 4 PERSONAS

**3** min.
de preparación
**5** min. de cocción

**MUY FÁCIL**

# Salteado de vieiras al azafrán

**De la pescadería**
16 vieiras sin el coral (que las prepare el pescadero)

**Del colmado**
15 g de mantequilla
2 cucharadas de vermut
10 cl de vino blanco seco
3 cucharadas de crème fraîche
una buena pizca de filamentos de azafrán + unos cuantos para la decoración
sal y pimienta

**Para acompañar**
arroz salvaje

## 1 preparar

Limpiar las vieiras con agua del grifo y secarlas con cuidado. Pelar el diente de ajo y cortarlo fino.

## 2 saltear

En una sartén grande fundir la mantequilla hasta que tome un poco de color y saltear las vieiras 1 o 2 minutos por cada lado hasta que estén bien doradas. Salpimentar si se desea. Reservar las vieiras en un plato. Quitar el exceso de mantequilla con papel absorbente.

## 3 juntar

Desglasar los jugos de la cocción de la sartén vertiendo en ella el vermut y el vino blanco. Dejar reducir 1 minuto a fuego vivo y añadir la crème fraîche y el azafrán. Salpimentar. Volver a poner las vieiras en la sartén, rociar con la salsa y dejar que se calienten unos 15 segundos.

**UNA PREPARACIÓN FÁCIL** y ultrarrápida cuyo sabor delicado encaja perfectamente con las vieiras.

PARA 4 PERSONAS

**5** min.
de preparación
**15** min. de cocción

**FÁCIL**

# Mini salteado de rape a la armoricana

**De la pescadería**
500 g de carne de rape (si es posible, conservar la espina central)

**De la verdulería**
4 tomates maduros (o 1 frasco pequeño de tomates naturales en conserva)
1 ramito de hierbas

**Del colmado**
1 cucharada de azúcar
1 cucharadita de harina
3 cucharadas de aceite de oliva
10 cl de vino blanco seco
1 cucharada de concentrado de tomate
10 g de mantequilla
2 cucharadas de coñac
sal y pimienta

**Para acompañar**
mezcla de arroces

## 1 preparar

Cortar los tomates en cuartos, quitar las semillas y cortar los trozos en dados. Espolvorearlos con el azúcar. Cortar el rape en trozos no muy grandes y enharinarlos ligeramente.

## 2 cocer a fuego lento

En una cazuelita calentar 2 cucharadas de aceite de oliva y rehogar los dados de tomate a fuego vivo. Añadir el vino blanco, el ramito de hierbas, el concentrado de tomate y, si se desea, la espina central. Salpimentar y cocer a fuego vivo unos 10 minutos con la cazuela destapada, el tiempo suficiente para que la salsa se reduzca un poco.

## 3 juntar

Mientras tanto calentar la mantequilla y el aceite restante en una sartén grande. Cuando la mezcla haya tomado color, dorar los trozos de rape a fuego vivo unos 3 minutos. Añadir el coñac y flambear. A continuación poner el pescado en la cazuelita. Mezclar y terminar de cocer durante unos minutos, con la cazuela destapada y a fuego lento.

**EL DETALLE** Aunque el aceite de oliva no sea un ingrediente tradicional en los platos bretones, combina a la perfección con el tomate y el vino blanco.

PARA 4 PERSONAS

**10** min.
de preparación
**17** min. de cocción

**FÁCIL**

# Mini ragú de calamares a la sétoise

**De la pescadería**
800 g de calamares preparados por el pescadero

**De la verdulería**
1 pimiento rojo
4 tomates bien maduros (o un bote pequeño de tomate natural en conserva)
2 dientes de ajo
1 ramito de hierbas

**Del colmado**
4 cucharadas de aceite de oliva
10 cl de vino blanco seco
1 cucharadita de concentrado de tomate
1 terrón de azúcar
sal y pimienta

**Para acompañar**
mezcla de arroces

## 1 preparar

Quitar el tallo del pimiento, cortarlo por la mitad y quitarle las semillas. A continuación cortarlo a daditos. Cortar los tomates en cuartos, quitarles las semillas y cortarlos en dados mayores que los del pimiento. Pelar y picar finamente los dientes de ajo. Cortar los calamares en aros finos, limpiarlos y secarlos.

## 2 cocer a fuego lento

En una cazuela calentar 2 cucharadas de aceite de oliva. Rehogar los dados de pimiento a fuego medio durante 2 minutos, añadir los tomates y el ajo y rehogar a fuego vivo unos 2 minutos. Añadir el vino blanco, el ramito de hierbas, el concentrado de tomate y el terrón de azúcar. Salpimentar y dejar cocer a fuego vivo y con la cazuela destapada unos 10 minutos, hasta que la salsa se reduzca un poco. Si se reduce demasiado, bajar el fuego y añadir un poco de agua hasta cubrirlo.

## 3 juntar

En una sartén, rehogar los calamares en el aceite restante 1 o 2 minutos a fuego vivo. Cuando empiecen a estar tiernos (pruébelos sin dudarlo) añadirlos a la salsa de tomate. Remover y calentar 1 minuto para que se mezclen los sabores, pero no más, porque los calamares pueden volverse correosos.

**EL DETALLE** La cocción de los calamares puede ser muy rápida (unos minutos) o muy larga (1 hora en una cazuela). Adaptar esta receta según el tiempo de que se disponga.

PARA 4 PERSONAS

**5** min. de preparación

**15** min. de cocción

**FÁCIL**

# Salmón con acedera

**De la pescadería**
4 filetes de salmón sin piel

**De la verdulería**
½ manojo de acedera o de hojas de espinaca fresca (unos 50 g)
2 chalotas

**Del colmado**
1 cucharadita de caldo de pescado
10 g de mantequilla
2 cucharadas de vermut
10 cl de vino blanco seco
4 cucharadas de crème fraîche
sal y pimienta

**Para acompañar**
arroz blanco

**Material**
colador chino

## 1 preparar

Lavar la acedera o las espinacas, retirar los tallos y cortar finas las hojas de acedera o los brotes de espinaca. Pelar las chalotas y cortarlas finas. Diluir el caldo de pescado en 10 cl de agua caliente.

## 2 cocer a fuego lento

En una cazuela de fondo grueso hacer sudar las chalotas en la mantequilla durante 5 minutos a fuego lento. Verter el vermut, el vino blanco seco y el caldo de pescado. Dejar que se reduzca a fuego vivo durante unos minutos. Añadir la crème fraîche y mezclar. Volver a reducir a fuego medio, el tiempo suficiente para que se cueza el pescado (unos 5 minutos). Salpimentar si es necesario. Pasar la salsa por el colador chino.

## 3 juntar

Cocinar al gusto los filetes de pescado, en una sartén o al vapor, durante 5 minutos. Justo antes de servir recalentar la salsa y sumergir en ella las hojas o los brotes unos 10 segundos: cuando hayan cambiado de color querrá decir que ya están cocidas. Colocar los filetes en los platos y echar la salsa alrededor.

**UN GRAN CLÁSICO** de la cocina francesa tradicional, en la actualidad algo olvidado, pero muy sencillo y delicioso.

PARA 4 PERSONAS

**10** min. de preparación

**15** min. de cocción

**FÁCIL**

# Waterzoï de salmón al dente

**De la pescadería**
450 g de filetes de salmón sin piel

**De la verdulería**
1 zanahoria
1 cebolla
1 ramita de apio
1 puerro grande

**Del colmado**
40 g de mantequilla
20 cl de cerveza rubia
25 cl de crème fraîche
sal y pimienta

**Para acompañar**
endivias salteadas

## 1 preparar

Pelar la zanahoria y la cebolla y retirar las hojas y el tallo del apio. Picar las tres verduras juntas. Pelar el puerro, cortarlo a lo largo, por la mitad, y luego en rodajas finas. Cortar los filetes de pescado en dos o tres trozos, según su tamaño.

## 2 saltear

En una olla grande fundir 20 g de mantequilla. Añadir la mezcla de zanahoria, cebolla y apio y rehogar unos 3 minutos a fuego medio. Incorporar las rodajas de puerro y mezclar. Disponer el pescado por encima.

## 3 juntar

Verter la cerveza e incorporar la mantequilla restante en forma de nueces. Añadir un poco de agua si es necesario hasta cubrirlo. Llevar a ebullición, y luego dejar que hierva a fuego medio de 5 a 10 minutos. Reservar el pescado cuando esté cocido. Añadir la crème fraîche a la salsa, salpimentar si es necesario y luego dejar reducir unos minutos. Servir el pescado en unos platos hondos y cubrirlo con la salsa.

PARA 4 PERSONAS

**5** min. de preparación

**5** min. de cocción

**FÁCIL**

# Salteado de vieiras a la provenzal

**De la pescadería**
16 vieiras sin el coral (preparadas por el pescadero)

**De la verdulería**
1 diente de ajo
12 tomates cherry
5 hojas de albahaca

**Del colmado**
2 cucharadas de aceite de oliva
10 cl de vino blanco seco
1 cucharadita de azúcar en polvo
sal y pimienta

**Para acompañar**
arroz blanco o ratatouille al minuto

## **1** preparar

Limpiar las vieiras bajo el grifo y secarlas con cuidado. Pelar el diente de ajo y picarlo finamente. Cortar los tomates por la mitad y espolvorearlos con azúcar. Deshojar, limpiar y cortar la albahaca.

## **2** saltear

En una sartén grande o un wok rehogar a fuego vivo las vieiras durante 1 minuto con el aceite de oliva muy caliente.

## **3** juntar

Cuando la superficie de las vieiras esté dorada añadir el ajo y los tomates, y luego el vino blanco y la albahaca. Dejar reducir la salsa a fuego vivo 1 o 2 minutos como máximo. Salpimentar al gusto.

**UN PEQUEÑO CONSEJO** Las vieiras se adaptan perfectamente a la cocina rápida (siempre y cuando el pescadero las haya preparado antes, pues es una operación engorrosa). Tienen que quedar translúcidas por dentro y no agrietarse en el borde.

PARA 4 PERSONAS

**10** min.
de preparación

**20** min. de cocción

**FÁCIL**

# Paella a la manera de un risotto

**De la pescadería**
200 g de gambas rosadas frescas o refrigeradas

**De la carnicería**
2 pechugas de pollo
50 g de chorizo picante

**De la verdulería**
½ cebolla
½ pimiento rojo

**Del colmado**
1 cubito de caldo de pollo
2 cucharadas de aceite de oliva
175 g de arroz de grano corto (tipo Arborio)
un poquito de azafrán
sal y pimienta

## 1 preparar

Poner en el fuego una cazuela con 25 cl de agua y diluir en ella el cubito de caldo de pollo. Quitar la cáscara a las gambas. Cortar el pollo en tiras. Cortar el chorizo en rodajas. Pelar la cebolla y picarla finamente, y a continuación cortar el pimiento en daditos.

## 2 cocer a fuego lento

En una cazuela calentar una cucharada de aceite de oliva. Rehogar a fuego lento la cebolla, el pimiento y el chorizo unos 2 minutos. Añadir el arroz y remover durante un par de minutos. Añadir la mitad del cubito de caldo y el azafrán, bajar el fuego y dejar que hierva suavemente unos 20 minutos removiendo con suavidad. Cuando se haya absorbido el caldo, añadir otro cucharón, y repetir la operación cada vez que se absorba hasta acabar el caldo.

## 3 juntar

En una sartén rehogar las tiras de pollo en el aceite de oliva restante a fuego medio durante 3 minutos. Añadir las gambas. Si ya están cocidas dorarlas 30 segundos, en caso contrario, cocerlas 2 o 3 minutos. Salpimentar.
Cuando el arroz esté tierno y el risotto cremoso añadir el pollo y las gambas en la cazuela. Rectificar el condimento. Llevar la cazuela a la mesa y servir el risotto muy caliente y cremoso en cuencos o en platos hondos.

PARA 4 PERSONAS

**15** min. de preparación

**10** min. de cocción

**FÁCIL**

# Bullabesa simplificada

**De la pescadería**
500 g de pescado variado en filetes (rape, merluza y escórpora) o entero si no son grandes (salmonete, sardina)

**De la verdulería**
1 cebolla
2 tomates maduros
½ bulbo de hinojo
1 diente de ajo

**Del colmado**
3 cucharadas de aceite de oliva
1 cucharadita de hinojo en grano
unos pistilos de azafrán
1 ramito de hierbas
sal y pimienta

**Para acompañar**
salsa rouille y rebanadas de pan tostado

## 1 preparar

Pelar y cortar finamente la cebolla. Cortar los tomates en cuartos, quitarles las semillas y cortarlos en dados. Picar fino el hinojo. Pelar el diente de ajo.

## 2 saltear

En una olla rehogar la cebolla unos minutos en el aceite de oliva caliente. Añadir los tomates, el hinojo (bulbo y semillas), el azafrán y el diente de ajo entero. Rehogarlo todo 2 minutos a fuego medio.

## 3 juntar

Añadir el pescado variado en la olla y mezclar. Cubrirlo con agua y añadir el ramito de hierbas. Salpimentar y dejar que hierva suavemente unos 5 minutos sin tapar. Retirar el ramito de hierbas. Servir en platos hondos, como si fuera una sopa.

**PARA GANAR TIEMPO** hay que limitarse a dos o tres variedades de pescado y comprar la salsa rouille preparada.

# guarniciones

PARA 4 PERSONAS

**5** min.
de preparación
**13** min. de cocción

**MUY FÁCIL**

# Mini gratinados de calabacín

**De la verdulería**
4 calabacines pequeños

**Del colmado**
4 huevos
20 cl de crème fraîche
una pizca de nuez moscada rallada
10 g de mantequilla + 20 g para los ramequines
sal y pimienta

**Para acompañar**
cordero

**Material**
4 ramequines individuales

## 1 preparar

Precalentar el grill del horno. Limpiar los calabacines, retirar ambas extremidades y cortarlos en rodajas finas. Cascar los huevos en un cuenco y batirlos. Añadir la crème fraîche y la nuez moscada. Salpimentar y mezclar. Untar los ramequines con mantequilla.

## 2 saltear

Derretir la mantequilla en una sartén grande y rehogar las rodajas de calabacín sin que se doren demasiado, unos 7 u 8 minutos. Salpimentar.

## 3 juntar

Repartir los calabacines en las cazuelitas. Echar por encima la preparación de huevos y crème fraîche y hornear 5 minutos hasta que el gratinado se dore un poco.

PARA 4 PERSONAS
**10** min.
de preparación
**10-15** min. de cocción
**FÁCIL**

# Ratatouille al minuto

**De la verdulería**
1 pimiento rojo
1 berenjena
2 calabacines
15 tomates cherry
1 diente de ajo

**Del colmado**
4 cucharadas de aceite de oliva
sal y pimienta

**Para acompañar**
pescado a la plancha o cordero

## 1 preparar

Lavar todas las verduras. Quitar las semillas del pimiento y cortarlo en daditos. Retirar el pedúnculo de la berenjena y cortarla en daditos. Hacer lo mismo con los calabacines. Cortar los tomates cherry por la mitad. Pelar el diente de ajo y cortarlo por la mitad también.

## 2 saltear

En una sartén grande o un wok rehogar a fuego vivo el pimiento en el aceite durante 1 minuto. Añadir los cubitos de berenjena y mezclar bien para que queden bien bañadas en el aceite. Saltear durante 5 minutos y luego añadir los calabacines y seguir cociendo un par de minutos más.

## 3 juntar

Añadir los tomates cherry y el diente de ajo. Salpimentar. Bajar el fuego y dejar cocer a fuego lento 1 o 2 minutos, el tiempo suficiente para que los tomates cherry se deshinchen un poco. Retirar el ajo antes de servir.

**TODAS LAS VERDURAS** de la ratatouille reunidas en una versión salteada en wok o en sartén, más ligera y sencilla que la receta clásica.

PARA 4 PERSONAS

**10** min. de preparación

**10-20** min. de cocción

**FÁCIL**

# Gratinado delfinés

**De la verdulería**
800 g de patatas
1 diente de ajo

**Del colmado**
1 litro de leche entera
30 cl de crème fraîche
2 huevos
20 g de mantequilla para los ramequines
sal y pimienta

**Para acompañar**
buey o cordero

**Material**
4 ramequines individuales

## 1 preparar

En una cazuela llevar a ebullición la leche. Precalentar el horno a 250 ºC. Pelar las patatas y cortarlas en rodajas finas. Pelar el diente de ajo. En un cuenco batir la crème fraîche con los huevos. Salpimentar. Untar generosamente con mantequilla los ramequines.

## 2 juntar

Cuando hierva la leche, bajar el fuego y añadir el diente de ajo y las patatas en rodajas. Salpimentar. Dejar que arranque el hervor y mantenerlo a fuego medio de 5 a 10 minutos, el tiempo suficiente para que las patatas se pongan tiernas y procurando que la leche no se desborde.

## 3 hornear

Escurrir las patatas conservando un poco de la leche de la cocción. Mezclarlo todo con la preparación de huevos y crème fraîche. Repartirlo en los ramequines. Hornear de 5 a 10 minutos, el tiempo suficiente para que la superficie del gratinado quede bien dorada.

**EL DETALLE** En un gratinado delfinés clásico las patatas se cuecen lentamente en el horno. En este caso se precocinan con la leche y se termina la cocción bajo el gratinador.

PARA 4 PERSONAS

**10** min. de preparación

**10-15** min. de cocción

**FÁCIL**

# Puré de patatas

**De la verdulería**
1 kg de patatas para puré

**Del colmado**
100 g de mantequilla
10 cl de leche
1 cucharada de sal gorda
nuez moscada (optativo)
sal y pimienta

**Material**
colador
pasapurés (optativo)

## 1 preparar

Pelar las patatas y pasarlas bajo el grifo. Cortarlas en rodajas. Trocear la mantequilla a pedacitos. Calentar la leche a fuego lento en una cazuela.

## 2 cocer

Poner las patatas en una cazuela grande, cubrirlas con agua fría y llevar a ebullición. Añadir la sal gorda. Dejar cocer unos 10 minutos, el tiempo suficiente para que las patatas estén tiernas.

## 3 juntar

Colar las patatas y volver a ponerlas en la cazuela a fuego lento durante unos 30 segundos para que pierdan agua. Chafar con un tenedor o con el pasapurés incorporando poco a poco la mantequilla y luego la leche. Salpimentar y mezclar bien. Añadir, si se desea, un poco de nuez moscada rallada. El puré tiene que servirse al momento, si no, se seca y se acartona.

PARA 4 PERSONAS
**10** min. de preparación
**13** min. de cocción
**FÁCIL**

# Patatas fritas ligeras al horno

**De la verdulería**
800 g de patatas que sean largas y firmes (tipo charlotte)

**Del colmado**
3 cucharadas de aceite de oliva
1 cucharadita de sal gorda + para servir

**Para acompañar**
carnes a la plancha

**Material**
colador

## 1 preparar

En una cazuela llevar a ebullición 2 litros de agua. Precalentar el grill del horno al máximo. Pelar, limpiar y cortar en vertical las patatas dándoles la forma de las patatas fritas gruesas. Untar la bandeja del horno con aceite de oliva.

## 2 hervir

Cuando el agua hierva, añadir la sal gorda y las patatas. Sancocharlas unos 5 minutos. Colarlas, enfriarlas bajo el grifo y volver a colarlas. Secarlas un poco con papel de cocina.

## 3 poner en el grill

Extender las patatas en la bandeja del horno procurando que no queden unas sobre otras. Ponerlas directamente bajo el grill y asarlas unos 10 minutos, el tiempo suficiente para que se doren por ambos lados (si es preciso, darles la vuelta una vez procurando no romperlas). Espolvorearlas de sal gorda antes de servir

PARA 4 PERSONAS

**10** min. de preparación

**10** min. de cocción

**FÁCIL**

# Salsa de tomate exprés

**De la verdulería**

1 kg de tomates muy maduros (si no son de temporada, utilizar tomates en conserva y escurrirlos)

1 diente de ajo

**Del colmado**

2 cucharadas de azúcar

4 cucharadas de aceite de oliva

sal y pimienta

**Para acompañar**

espaguetis

albahaca fresca

parmesano rallado

**Material**

batidora

colador chino

## 1 preparar

Cortar los tomates a cuartos, quitarles las semillas y filetearlos a trocitos. Espolvorearlos de azúcar. Pelar el diente de ajo y picarlo.

## 2 cocer

En una sartén grande, calentar el aceite de oliva. Cuando esté bien caliente, rehogar el ajo 1 minuto, sin que se queme. Añadir los trozos de tomate. Salpimentar generosamente. Dejar cocer a fuego vivo unos 10 minutos removiendo a menudo. Si la salsa se espesa demasiado, ir añadiendo agua: tiene que quedar semilíquida.

## 3 batir

Triturar a continuación los tomates en su jugo y pasar la salsa por el chino. Volver a calentar y servir.

**UNA ALTERNATIVA EXCELENTE** entre la salsa en conserva y la versión larga a fuego lento. Es rápida y a la vez sabrosa.

PARA 4 PERSONAS
**10** min. de preparación
**15** min. de cocción
**FÁCIL**

# Salsa boloñesa exprés

**De la carnicería**
300 g de carne de ternera picada

**De la verdulería**
1 ramita de apio
1 zanahoria pequeña
1 cebolla pequeña

**Del colmado**
1 bote de tomates en conserva pelados (250 g)
1 cucharada de azúcar
4 cucharadas de aceite de oliva
1 cucharada de concentrado de tomate
sal y pimienta

**Para acompañar**
pasta fresca y/o alargada (espaguetis, linguini)

**Material**
robot

## 1 preparar

Pelar el apio, la zanahoria, la cebolla y picarlo todo junto. Picar la carne, si no se ha comprado ya picada. Mezclar el tomate en conserva con su jugo y el azúcar.

## 2 cocer

En una sartén calentar 2 cucharadas de aceite de oliva. A continuación rehogar unos 2 minutos las verduras picadas, sin que se quemen. Añadir el tomate licuado y el concentrado. Salpimentar y remover bien. Cocer a fuego vivo otros 10 minutos añadiendo un poco de agua si es necesario.

## 3 juntar

Mientras tanto rehogar en la sartén la carne picada con el aceite de oliva restante. Chafar bien los trozos con un tenedor. Cocer hasta que toda el agua se evapore y la carne quede ligeramente sofrita. Salpimentar y añadir la carne a la salsa. Proseguir la cocción 1 o 2 minutos y servir.

# postres

PARA 4 PERSONAS
5 min. de preparación
15 min. de congelación
MUY FÁCIL

# Sorbete al minuto

**Del colmado**
400 g de frambuesas congeladas o una mezcla de frutos rojos
250 g de queso blanco con un 30 % de materia grasa
75 g de azúcar en polvo

**Material**
batidora eléctrica

## 1 preparar

Preparar todos los ingredientes antes de empezar para tenerlos disponibles y ejecutar la receta con rapidez.

## 2 enfriar

Dejar el queso blanco en el congelador unos 15 minutos.

## 3 batir

Mezclar en la batidora eléctrica los frutos rojos con el azúcar y el queso blanco. Si los frutos ofrecen resistencia, dejar de batir de vez en cuando y remover la mezcla con una cuchara de madera. Servir enseguida.

**UNA RECETA EXCELENTE** y muy socorrida para preparar en el último momento, cuando no se tiene a mano ni helado ni una sorbetera y uno se muere de ganas de tomar un postre frío.

PARA 4 PERSONAS
**10** min.
de preparación
**10** min. mínimo para enfriar
**MUY FÁCIL**

# Manjar blanco en versión ligera

**Del colmado**
15 cl de nata líquida
unas almendras en láminas finas (optativo)
300 g de queso blanco tipo Quark con un 30 % de materia grasa
4 cucharadas de azúcar
2 cucharadas de almendras molidas
1 cucharadita de aroma de almendra amarga

**Material**
batidora eléctrica
4 ramequines individuales

## 1 preparar

Verter la nata líquida en una ensaladera y dejarla reposar en el congelador unos minutos (con cuidado, porque la nata no tiene que congelarse). Si se desea incorporar unas almendras, hay que tostarlas unos segundos en una sartén sin añadir grasas. Mezclar el queso blanco con 3 cucharadas soperas de azúcar, las almendras molidas y el aroma de almendra amarga.

## 2 batir

Sacar la nata líquida del congelador. Batirla hasta que quede montada con el azúcar restante.

## 3 mezclar

Mezclar con suavidad la nata montada y el queso blanco y repartir la preparación en los ramequines. Colocar en la nevera hasta el momento de degustarla. Si se desea, espolvorear con las almendras tostadas.

**UNA RECETA ANTIGUA** a base de almendras y leche o nata. La versión tradicional se desmolda como un flan; esta tiene una textura más parecida a la mousse, pero conserva su delicioso sabor a almendra

PARA 4 PERSONAS

**10** min. de preparación

**10** min. de cocción

**MUY FÁCIL**

# Compota de manzana exprés

**De la verdulería**

5 manzanas (tipo reineta, del Canadá o boskoop)
1 limón

**Del colmado**

1 bastoncito de canela en rama
50 g de azúcar
canela en polvo (optativo)

## 1 preparar

Pelar las manzanas, cortarlas en cuartos y vaciarlas. Darles forma de daditos. Reservar la piel del limón y, con la pulpa, rociar las manzanas. Cortar la piel en tiritas muy finas.

## 2 montar

Colocar los daditos de manzana en una cazuela grande con la piel del limón, el azúcar y la canela en rama. Añadir 10 cl de agua y mezclar.

.

## 3 cocer

Cocer a fuego vivo de 10 a 15 minutos procurando que las manzanas no se peguen ni se caramelicen. Si es necesario, añadir un poco de agua durante la cocción. Servir a temperatura ambiente y espolvorear si se desea con un poco de canela en polvo.

PARA 4 PERSONAS

**10** min.
de preparación

**10** min. de cocción

**MUY FÁCIL**

# Peras al vino

**De la verdulería**
la piel de 1 naranja
4 peras maduras, pero firmes (tipo Williams)
el zumo de ½ limón

**Del colmado**
1 botella de vino tinto de calidad
150 g de azúcar
las especias que se quieran, o una mezcla de especias (canela en rama, unos granitos de cardamomo, anis estrellado, clavo de olor, pimienta negra)

**Para acompañar**
bizcocho cuatro cuartos al minuto

## **1** hervir

En una cazuela mezclar el vino con el azúcar, la piel de naranja y las especias. Calentar hasta que arranque a hervir. Dejar cocer a fuego muy lento unos minutos para que las especias suelten el aroma.

## **2** cortar

Mientras tanto pelar las peras, cortarlas en cuartos y quitarles las semillas. Cortar cada trozo en dos o tres láminas alargadas, según el tamaño de las peras. Rociarlo todo con el zumo del limón.

## **3** cocer

Poner las peras en la cazuela, dejar que arranque a hervir y cocer a fuego lento de 5 a 8 minutos (el tiempo de la cocción dependerá de lo maduras que estén las peras: cuanto más maduras, menos tiempo). Cuando se pongan tiernas y ligeramente translúcidas estarán cocidas. Servir en platos hondos.

PARA 4 PERSONAS

**10** min.
de preparación
**10** min. de cocción

**MUY FÁCIL**

# Mini genovesas

**Del colmado**
80 g de mantequilla pomada
+ 10 g para los moldes
4 huevos
150 g de azúcar
160 g de harina
1 cucharada de ron o de agua de azahar (optativo)

**Para acompañar**
confitura o crema de chocolate
compota o ensalada de fruta

**Material**
4 moldes de tartaleta individuales
batidora eléctrica

## **1** preparar

Precalentar el horno a 210 °C. Untar de mantequilla los moldes. Trocear la mantequilla.

## **2** montar

Batir los huevos con el azúcar en la batidora eléctrica durante 3 minutos. Añadir progresivamente la harina, la mantequilla y el licor. Dejar de batir cuando se hayan incorporado todos los ingredientes. Repartir la mezcla resultante en los moldes.

## **3** hornear

Hornear unos 10 minutos aproximadamente. Comprobar la cocción de las tartaletas con la hoja de un cuchillo. Estarán cocidas si, una vez doradas e hinchadas, al pincharlas con el cuchillo la hoja sale seca.

**COMO EL CUATRO CUARTOS,** la genovesa es un pastel muy socorrido que se presta a diversos usos. De ahí la utilidad de esta versión rápida para sacar de un apuro en cualquier ocasión.

PARA 4 PERSONAS

**10** min. de preparación

**12** min. de cocción

**MUY FÁCIL**

# Pastelitos de peras

**De la verdulería**
2 peras pequeñas (tipo williams) o 100 g de frambuesas o cerezas, o bien 4 albaricoques

**Del colmado**
10 g de mantequilla para los moldes
3 huevos
75 g de azúcar
35 g de fécula de maíz
10 cl de nata líquida entera
10 cl de leche entera
una pizca de vainillina en polvo

**Para acompañar**
helado de vainilla

**Material**
4 moldes de tartaleta individuales con el borde alto

# 1 preparar

Precalentar el horno a 200 °C. Pelar las peras, cortarlas en cuartos y quitarles las semillas. Trocear los cuartos. Si se recurre a las cerezas o a los albaricoques, quitarles el hueso y cortar los albaricoques en trocitos. Untar de mantequilla los moldes.

# 2 montar

En una ensaladera batir los huevos con el azúcar hasta que la mezcla quede blanquecina, y entonces añadir la fécula de maíz, la nata líquida, la leche, la vainillina y la fruta.

# 3 hornear

Repartir la preparación en los moldes. Hornear unos 10 minutos: el centro del pastel tiene que temblar un poco. Servir tibio.

**EL DETALLE** Modificando ligeramente las proporciones de un pastel de cerezas tradicional esta receta permite una cocción más rápida y le da una textura más ligera.

PARA 4 PERSONAS
**10** min.
de preparación
**12-15** min. de cocción
**MUY FÁCIL**

# Mini pastel de ciruelas

**De la verdulería**
125 g de ciruelas pasas de Agen

**Del colmado**
3 huevos
10 g de mantequilla para los moldes
100 g de harina
80 g de azúcar en polvo
40 cl de leche
1 cucharada de azúcar glas

**Material**
4 moldes individuales con el borde alto.

## 1 preparar

Precalentar el horno a 200 °C. Quitar el hueso a las ciruelas y cortarlas en 5 o 6 trozos. Batir los huevos con el tenedor, como si se quisiera preparar una tortilla. Untar con mantequilla los moldes.

## 2 montar

En una ensaladera mezclar enérgicamente con una batidora manual la harina, el azúcar y los huevos. Añadir la leche poco a poco, mezclándola con cuidado para evitar los grumos.

## 3 hornear

Repartir las ciruelas en el fondo de los moldes y verter por encima la preparación. Hornear durante 12 o 15 minutos. Los pastelitos tienen que quedar dorados por encima y temblar un poco en la parte central. Si han quedado demasiado blanquecinos, ponerlos bajo el grill del horno un par de minutos. Servirlos a temperatura ambiente y espolvoreados con un poco de azúcar glas.

PARA 4 PERSONAS
**15** min.
de preparación
**10** min. mínimo para enfriar
**FÁCIL**

# Mini carlotas con chocolate

**Del colmado**
3 cucharadas de un licor a elegir (ron, coñac, amaretto, licor de café o de cacao)
18 bizcochos de soletilla
150 g de chocolate negro con el 70 % de cacao
4 huevos
4 cucharadas de azúcar

**Para acompañar**
crema inglesa

**Material**
4 ramequines con el borde alto (9 cm de diámetro y 6,5 cm de altura)
batidora eléctrica

## 1 preparar

Cortar los bizcochos por la mitad. En un plato hondo mezclar el licor con 15 cl de agua. Mojar los bizcochos rápidamente, para que no se reblandezcan demasiado, y disponerlos en el fondo y las paredes de las cazuelitas, procurando que el lado abombado quede hacia fuera y el puntiagudo hacia arriba.

## 2 montar

Derretir el chocolate en una cazuela con 5 cl de agua. Afinar el chocolate con ayuda de una espátula, retirarlo del fuego y dejar que se enfríe un poco. Separar las claras de los huevos. Batir las yemas con el azúcar y añadir el chocolate a esta preparación. Servir las claras a punto de nieve e incorporarlas con cuidado, poco a poco.

## 3 enfriar

Repartir la mezcla en las cazuelitas. Colocarlas unos 10 minutos en el congelador para que se enfríen deprisa, y luego dejarlas en la nevera hasta la hora del postre. En el momento de servir, desenmoldar las carlotas y servirlas en platos. Acompañarlas con crema inglesa muy fría.

**UN POSTRE SOFISTICADO** Sin embargo, sorprende la facilidad y la rapidez de preparación de esta receta.

PARA 4 PERSONAS

**6** min. de preparación

**5** min. de cocción

**FÁCIL**

# Crema inglesa exprés

**Del colmado**

1 cápsula de vainilla
6 yemas de huevos extra frescos
50 g de azúcar
1 cucharadita rasa de fécula de maíz
25 cl de leche entera
25 cl de nata líquida

**Para acompañar**

4 mini carlotas con chocolate

## 1 preparar

Abrir la cápsula de vainilla cortándola a lo largo, raspar los granitos del interior y reservarlos. Batir las yemas de huevo con el azúcar hasta que la mezcla blanquee y aumente un poco de volumen. Desleír la fécula de maíz en el equivalente de 1 cucharada de agua.

## 2 juntar

En una cazuela calentar la leche y la nata líquida con la cápsula y los granos de vainilla. Retirar del fuego cuando rompa a hervir y verter la mezcla de huevos y azúcar sin dejar de batir. Añadir poco a poco la fécula de maíz desleída.

## 3 cocer

Volver a calentar y dejar que la mezcla se espese a fuego medio unos 2 o 3 minutos sin dejar de remover con una cuchara de madera e intentando que no hierva. Cuando la crema se pegue a la cuchara, apagar el fuego y seguir removiendo durante 1 minuto para detener la cocción. Dejar enfriar antes de colocar en la nevera.

**EL DETALLE** La crema inglesa se obtiene dejando espesar a fuego muy lento una preparación hecha a base de huevos y leche. En este caso se hace un poco de trampa y se añade una pequeña cantidad de fécula de maíz.

PARA 4 PERSONAS
**10** min. de preparación
**10** min. de cocción
**FÁCIL**

# Pastelitos de chocolate

**Del colmado**
80 g de mantequilla + 10 g para los moldes
80 g de chocolate negro
3 huevos
100 g de azúcar
40 g de harina

**Para acompañar**
helado
nata montada

**Material**
4 moldes de tartaleta individuales de 11 cm de diámetro

## 1 preparar

Precalentar el horno a 200 °C. Cortar la mantequilla en láminas. En una cazuela derretir el chocolate a fuego muy suave con la mantequilla. Untar también los moldes con mantequilla.

## 2 juntar

En una ensaladera batir el azúcar con los huevos durante unos minutos hasta obtener una mezcla muy homogénea. Cuando la mezcla de mantequilla y chocolate esté completamente lisa, añadirla a la mezcla de huevos y azúcar sin dejar de batir. Finalmente incorporar la harina y volver a mezclar.

## 3 hornear

Repartir la preparación en los distintos moldes. Hornear unos 10 minutos. Servir los pastelitos templados.

**SE GANA TIEMPO** usando huevos enteros y moldes individuales. No se necesita batidora eléctrica; se puede recurrir a una manual o a un tenedor.

PARA 4 PERSONAS

**10** min.
de preparación

**15** min. mínimo para enfriar

**FÁCIL**

# Mousse sencillísima de chocolate

**Del colmado**
150 g de chocolate negro con 70 % de cacao
5 claras de huevo
3 cucharadas de azúcar en polvo

**Para acompañar**
frutos rojos, pera escalfada o genovesa

**Material**
batidora eléctrica
4 ramequines

## 1 preparar

Derretir en una cazuela el chocolate, preferiblemente en pastillas, a fuego muy lento o en el microondas (2 o 3 minutos a potencia máxima) con 5 cl de agua. Afinarlo bien, retirarlo del fuego y dejar enfriar unos minutos.

## 2 mezclar

En una ensaladera batir las claras de huevo a punto de nieve y, cuando empiecen a tomar forma, añadir el azúcar. Retirar el equivalente a una cuarta parte de las claras montadas y mezclarla con el chocolate para que la pasta quede más suave. Incorporar a continuación las claras restantes con mucha suavidad y con ayuda de una espátula, de arriba abajo, procurando no romperlas.

## 3 enfriar

Repartir la mezcla en los ramequines y dejarlos en el congelador hasta el momento de tomar el postre (15 minutos como mínimo). Servir muy frío.

PARA 4 PERSONAS

**15** min.
de preparación
**15-17** min. de cocción

**FÁCIL**

# Crumble exprés

**De la verdulería**
4 manzanas (tipo Canadá, boskoop o reineta)
el zumo de 1 limón

**Del colmado**
40 g de mantequilla a temperatura ambiente + 20 g para cocer las manzanas
20 g de azúcar moreno + 2 cucharadas para cocer las manzanas
60 g de harina
una pizca de sal

**Para acompañar**
crema batida o helado (de vainilla, canela, caramelo o nueces)

**Material**
4 ramequines de 10 cm de diámetro

## 1 preparar

Precalentar el horno a 210 °C. Pelar las manzanas, cortarlas en cuartos y quitarles las semillas. Cortarlas en trozos pequeños y rociarlas con el zumo del limón. Derretir 20 g de mantequilla en una sartén y rehogar suavemente los trocitos de manzana unos 5 minutos sin que se quemen. Añadir 2 cucharadas de azúcar moreno.

## 2 mezclar

Mientras las manzanas se cuezan a fuego lento mezclar la harina, la sal y la mantequilla con los dedos. Añadir el azúcar moreno y volver a mezclar hasta obtener una pasta granulosa. Repartir las manzanas en los ramequines. Extender la pasta harinosa por encima formando una capa fina.

## 3 hornear

Hornear las cazuelitas de 13 a 15 minutos, y los 2 últimos minutos ponerlas bajo el grill para que se dore la superficie de los crumbles. Servir el postre templado.

PARA 4 PERSONAS
**10** min.
de preparación
**15** min. de cocción
**FÁCIL**

# Mini borrachos

**Del colmado**
10 g de mantequilla para los moldes
3 huevos
60 g de azúcar en polvo + 50 g para el sirope
3 cucharadas de leche
125 g de harina
1 sobrecito de levadura química
10 cl de ron

**Para acompañar**
compota de fruta
frutos rojos

**Material**
4 moldes individuales con el borde alto
batidora eléctrica

## 1 preparar

Precalentar el horno a 180 °C. Untar con mantequilla los moldes. Separar las claras de las yemas de huevo.

## 2 mezclar

En una ensaladera batir con la batidora eléctrica las yemas de huevo con el azúcar a velocidad media, hasta blanquear la mezcla. Añadir progresivamente la leche, la harina y la levadura. En otra ensaladera montar las claras a punto de nieve. A continuación, incorporarlas a la masa suavemente, con la ayuda de una espátula.

## 3 hornear

Rellenar los moldes en sus tres cuartas partes con esta mezcla. Hornearlos 15 minutos hasta que los pastelitos se hinchen y se doren. Mientras tanto preparar un sirope: en una cazuela desleír y reducir 50 g de azúcar en 10 cl de agua y luego añadir el ron. Desenmoldar los pastelitos al sacarlos del horno y rociarlos con el sirope mientras estén calientes.

PARA 4 PERSONAS
**10** min.
de preparación
**13 o 20** min.
de cocción
**FÁCIL**

# Mini bizcochos al minuto

**De la verdulería**
la piel de 1 limón o de 1 naranja

**Del colmado**
120 g de mantequilla + 10 g para los moldes
2 huevos
120 g de azúcar
120 g de harina
1 cucharadita de levadura química

**Para acompañar**
ensalada de fruta o compota de fruta

**Material**
4 moldes de tartaleta individuales o 4 moldes de pastel individuales
batidora eléctrica

## 1 preparar

Precalentar el horno a 200 °C. En una cazuela pequeña derretir la mantequilla a fuego lento. Rallar la piel del cítrico. Untar de mantequilla los moldes.

## 2 mezclar

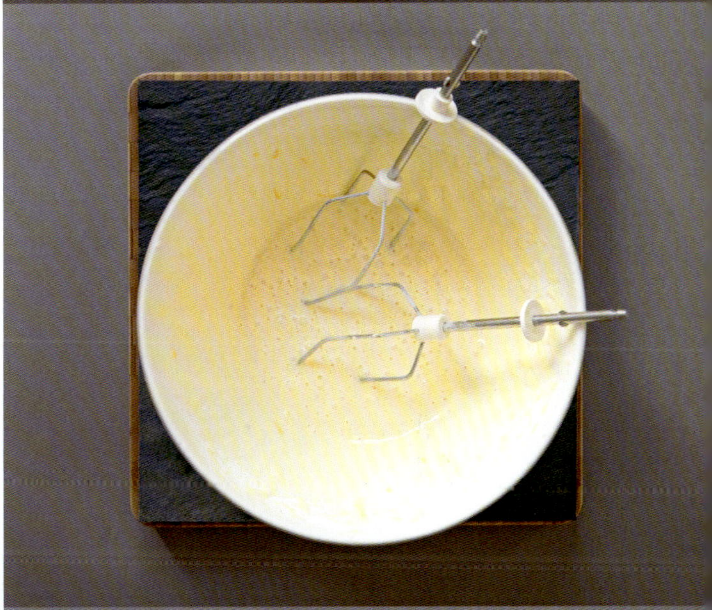

Batir los huevos con el azúcar en una ensaladera con la batidora eléctrica durante 3 minutos, hasta obtener una mezcla espumosa. Añadir la mantequilla derretida y la ralladura del limón, seguir batiendo y luego incorporar la harina y la levadura. En cuanto se haya incorporado la levadura, dejar de batir para que la masa no baje.

## 3 hornear

Hornear los moldes durante 13 minutos si se utilizan moldes de tartaleta o 20 minutos para los moldes de pastel. Cuando la superficie de los pasteles esté hinchada y dorada, comprobar si están cocidos clavando la hoja de un cuchillo en medio del bizcocho: tiene que salir seca. Servir templado o frío.

**UN CLÁSICO INELUDIBLE** presentado en forma de pastelitos individuales para acortar el tiempo de cocción. Para los perfeccionistas: conviene pesar los huevos y utilizar ese mismo peso en el resto de los ingredientes.

PARA 4 PERSONAS

**10** min. de preparación

**10-12** min. de cocción

**FÁCIL**

# Mini soufflés de chocolate

**Del colmado**

100 g de chocolate negro
60 g de mantequilla + 10 g para los ramequines
4 huevos enteros + 1 clara
50 g de azúcar + 1 cucharada para los ramequines
25 g de cacao amargo en polvo
azúcar glas

**Material**

batidora eléctrica
4 ramequines

## 1 preparar

Precalentar el horno a 200 °C. En una cazuela pequeña derretir el chocolate con la mantequilla troceada a fuego muy suave. Separar las claras de las yemas de huevo. Montar las 5 claras a punto de nieve, pero sin que queden demasiado firmes, y añadir el azúcar cuando ya casi estén. Untar con mantequilla los ramequines y revestirlos con un poco de azúcar en polvo

## 2 mezclar

Cuando el chocolate se haya derretido y enfriado un poco, añadirle las yemas de huevo y el polvo de cacao amargo. Mezclar con suavidad. Añadir el equivalente a una cuarta parte de las claras de huevo y remover vivamente para esponjar la pasta. A continuación incorporar el resto de las claras a punto de nieve con mucha suavidad, empleando una cuchara de madera.

## 3 hornear

Repartir la preparación en los ramequines. Hornear de 10 a 12 minutos; la pasta tiene que subir un tercio de su volumen y el centro debe quedar cremoso. Si la pasta no sube es porque el horno no está lo bastante caliente o los moldes no están bien untados. Servir los soufflés inmediatamente, espolvoreados de azúcar lustre.

PARA 4 PERSONAS

**10** min.
de preparación

**10** min. mínimo para enfriar

**FÁCIL**

# Tiramisú sencillo

**Del colmado**

15 cl de nata líquida
2 raciones de café soluble (4 g)
16 melindros o bizcochos de soletilla
4 cucharadas de azúcar
300 g de queso mascarpone
1 cucharada de marsala o de ron
1 cucharada rasa de cacao amargo en polvo

**Material**

4 vasos
batidora eléctrica
tamiz

## **1** preparar

Verter la nata líquida en una ensaladera y colocarla en el congelador. Hervir 30 cl de agua y preparar un café instantáneo. Disponer en cada vaso 4 melindros cortados por la mitad. Verter el café por encima sin empaparlos demasiado.

## **2** mezclar

Sacar la ensaladera del congelador y montar la nata líquida a temperatura muy fría. Cuando empiece a ponerse firme, añadir 2 cucharadas de azúcar. Poner el queso blanco en otra ensaladera y mezclarlo con el azúcar restante y el licor. A continuación incorporar poco a poco la nata mezclando todo suavemente.

## **3** enfriar

Repartir la mezcla sobre los melindros con café y colocar los vasos en la nevera hasta el momento de servir (10 minutos como mínimo). Presentar los tiramisús muy fríos, espolvoreados con el cacao amargo en polvo tamizado.

**EL DETALLE** Una versión y más ligera más rápida del tiramisú que la tradicional. No lleva claras de huevo ni mascarpone; tan solo es una crema espumosa a base de nata montada y queso blanco.

# Índice práctico

Título original: *Classiques express en 3 étapes*



Estilismo: Sophie Morel
Edición: Nelly Mégret

Fotocomposición: Compaginem

ISBN: 978-84 253-4726-9

Impreso en Cayfosa, España

G R 4 7 2 6 9